Urner Wanderbuch

Uri

62 Routenbeschreibungen mit Routenkarte, Routenprofilen und Bildern
Herausgeber: Urner Wanderwege

Inhalt

5	Vorwort
8	Übersichtskarte 1:600 000
10	Routenverzeichnis
14	Routenkarte 1:200 000
	Routenbeschreibungen:
17	Gotthardroute, Routen 1–4
27	Reusstal–Urserental, Routen 5–15
42	Urnersee–Isental–Gitschital, Routen 16–30
64	Schächental, Routen 31–39
79	Maderanertal–Fellital–Meiental–Göscheneralptal, Routen 40–44
89	Hüttenwege, Routen 45–62
108	Heimatkundliche Notizen
	Touristische Informationen:
121	Verkehrsvereine
121	Verkehrsmittel
122	Kartenverzeichnis
123	Die Markierung der Wanderrouten
124	Literaturverzeichnis
126	Register
128	Verzeichnis der Wanderbücher, Wanderkarten, Velokarten

Bilder, Profile: Arbeitsgemeinschaft Urner Wanderwege
Zeichnungen: Selina Gentinetta
Routenkarte: Reproduziert mit Bewilligung des Bundesamtes für Landestopographie vom 17.4.1989
© 1970 Kümmerly+Frey, Geographischer Verlag, Bern. Ausgabe 1989
Printed in Switzerland ISBN 3-259-03686-5

◀ **Umschlagbild:** Talabschluss im Maderanertal mit der Gletscherzunge des Hüfigletschers und dem Alpgnofer-Stock. Hoch oben über den Hüfistöcklenen auf dem Grat erkennt man die Hüfihütte SAC. Sie gilt als Stützpunkt für verschiedene Bergtouren. Das Tal, eine Oase der Stille, ist Ausgangspunkt für schönste Wanderungen zu verschiedenen SAC-Hütten und nach Golzern. Das Maderanertal weckt weitherum die Aufmerksamkeit der Strahler und Mineralienfreunde (Route 40/41).

▶ **Zeugen längst vergangener Zeit.** Die alte Bogenbrücke bei Hospental über die Gotthardreuss, aus Roll- und randlichen Granitsteinen erbaut, vor dem Hotel Gotthard war einst Raststätte und Schirmhaus am Saumweg über den Gotthard (Route 4).

Vorwort

«Wer in der grossen Natur des Urnerlandes einigermassen einheimisch werden will, sollte zu Fuss wenigstens seine Haupttäler durchwandern. Fortwährend bieten diese die angenehmste Unterhaltung dar, überall macht sich eine Fülle des Anmutigen und Idyllischen, wie des Erhabenen und Schauerlichen geltend. An einzelnen Punkten gruppieren sich die hohen Berge, kontrastieren die dunklen Wälder mit den schimmernden Gletschern, die ernsten Felsen mit den glanzvollen Spiegelseen, lachen die frischgrünen Alpenmatten und fallen die Sonnenlichter so unübertrefflich schön zusamen, dass man die zauberische Poesie der Schöpfungsgewalt, die das alles so malerisch neben- und übereinander warf, nicht genug bewundern kann.»
Diese Beschreibung habe ich dem Buch «Uri Land und Leute» entnommen, das 1902 verfasst worden ist. Ich meine, dass diese Zeilen – obwohl fast neun Jahrzehnte vergangen sind – mehr denn je Gültigkeit haben. Den Kanton Uri auf Schusters Rappen zu durchqueren oder im Winter dem Skifahren oder Langlauf zu frönen sind ganz spezielle Erlebnisse. In unserem Kanton besteht ein dichtes und gut unterhaltenes Wanderwegnetz von rund 700 km Länge. Diese Wege werden mit viel Privatinitiative von der Arbeitsgemeinschaft Urner Wanderwege und mit kantonaler Unterstützung stets unterhalten und noch weiter ausgebaut. Das betrifft vor allem auch die zwei historischen Wege «Gotthard» und «Klausen», die erstmals im Wanderbuch Uri aufgeführt sind. Den Initianten danke ich für den grossen Einsatz bestens. Ich gebe der Hoffnung Ausdruck, dass sich unsere Gäste von nah und fern, aber auch wir Urner vermehrt in unserem Kanton umsehen, um Land und Volk im Gotthardkanton noch besser kennenzulernen.

Ambros Gisler
Regierungsrat

◀ Wegkreuz am alten Pilgerweg von der Treib nach Seelisberg zur Wallfahrtskapelle Maria Sonnenberg. Der damalige Pilgerweg (heute noch Chilenweg) ist ein steiler, teilweise mit Steintreppen durchsetzter Aufstieg ins Chilendorf. Das Wegkreuz am gepflasterten Weg im Schwanden galt als Betplatz und «Kirmi» zugleich. Die noch vorhandene alte Pflasterung, die Hecken und Bruchsteinmauern weisen zurück ins 17. Jh. (Route 16).

▶ Weg zum Chrützlipass. Seit Jahrhunderten begangener Übergang vom Maderanertal ins Bündnerland. In Verbindung mit dem Lukmanier hatte der Chrützlipass bis ins Hochmittelalter eine entsprechende Bedeutung; er gilt als Vorläufer des Gotthardpasses (Route 41).

Übersichtskarte 1 : 600 000   8

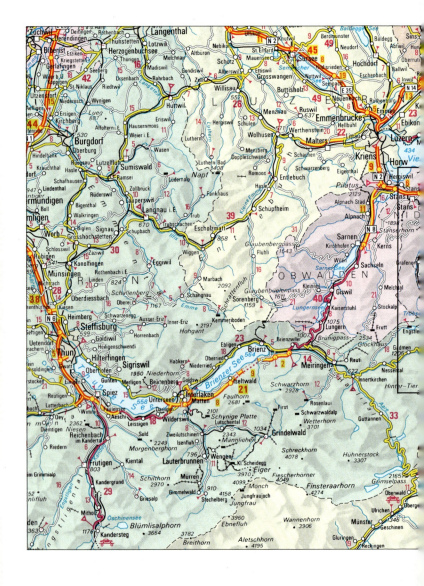

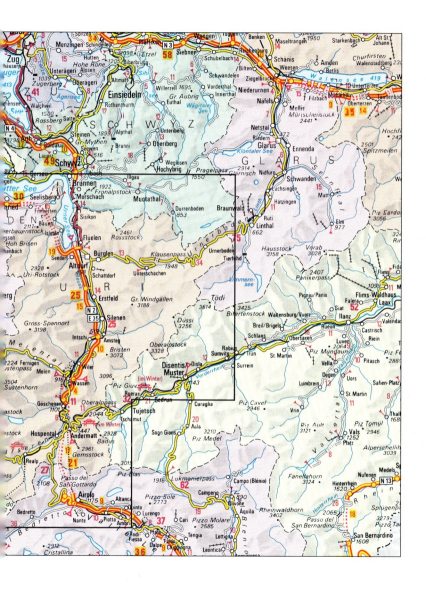

Routenverzeichnis 10

Gotthardroute Seite
1 Morschach–Tellsplatte–Flüelen 3 Std. 45 Min. 17
2 Flüelen–Attinghausen–Amsteg–Silenen 3 Std. 50 Min. 18
3 Amsteg-Silenen–Gurtnellen–Göschenen 5 Std. 25 Min. 20
4 Göschenen–Andermatt–St. Gotthard–Airolo 7 Std. 10 Min. 23

Reusstal–Urserental
5 Altdorf–Eggbergen 3 Std. 27
6 Schattdorf–Figstuel–Stöck–Sunntigsboden–Bürglen 4 Std. 45 Min. 28
7 Haldi–Sodberg–Gampelen–Schild–Lehn–Schattdorf 4 Std. 30 Min. 29
8 Erstfeld–Ober Schwendi–Strängmatt 3 Std. 30
9 Srängmatt–Stich–Brunni–Unterschächen 6 Std. 45 Min. 31
10 Strängmatt–Chilcherbergen 1 Std. 45 Min. 32
11 Wiler–Gurtnellen–Richligen–Arnisee–Amsteg 5 Std. 33
12 Wiler–Stäuberkapelle–Gurtnellen–Wiler 2 Std. 15 Min. 35
13 Andermatt–Nätschen–Oberalppass–Fellilücke–Lutersee–Andermatt 6 Std. 30 Min. 36
14 Andermatt–Gurschen 2 Std. 15 Min. 37
15 Tiefenbach–Lochbergegg–Rossmettlen–Andermatt 5 Std. 30 Min. 39

Urnersee–Isental–Gitschital
16 Treib–Seelisberg–Bauen–Isleten–Seedorf–Attinghausen 7 Std. 42
17 Seelisberg–Chänzeli–Höch Flue–Sunnwil–Stützberg–Volligen–Treib 4 Std. 30 Min. 45
18 Rütli–Seelisberg (Chilendorf) 1 Std. 15 Min. 46
19 Rütli–Seelisberg (Oberdorf) 1 Std. 15 Min. 47
20 Seelisberg–Beroldingen–Weid–Niderbauen–Chulm 4 Std. 48
21 Sisikon–Riemenstalden–Muotathal 6 Std. 49
22 Flüelen–Ober Axen–Tellen (Tellsplatte)–Sisikon 5 Std. 50
23 Isenthal–Musenalp–Sassigrad–Biwald–Isenthal 5 Std. 15 Min. 53
24 Isenthal–St. Jakob–Sulztaler Hütte–Sinsgäuer Schonegg 4 Std. 54
25 Gitschenen–Steinalper Jochli–Brisenhaus SAC 3 Std. 56

26 Gitschenen–Hinter Jochli–(Schwalmis)–Klewealp	4 Std.	57
27 Isenthal–St. Jakob–Bannalper Schonegg–Chrüzhütte	7 Std.	58
28 Gitschenberg–Honegg–Gitschital–Chli Laucheren–Brüsti	4 Std. 15 Min.	59
29 Attinghausen–Surenenpass–Engelberg	10 Std.	60
30 Erstfeld–Hofstetten–Bocki–Bachhüttli–Surenenpass	5 Std. 45 Min.	62

Schächental

31 Flüelen–Altdorf–Bürglen–Spiringen–Unterschächen–Klausenpass–Urnerboden	8 Std. 15 Min.	64
32 Flüelen–Eggbergen–Heidmanegg–Klausenpass	10 Std. 45 Min.	66
33 Eggbergen–Schön Chulm–Spilauer See–Riemenstalden	5 Std. 45 Min.	69
34 Biel–Chinzig Chulm–Muotathal	5 Std.	70
35 Ratzi (Rietlig)–Chinzig Chulm–Muotathal	5 Std.	71
36 Unter Balm–Äsch–Unterschächen	2 Std. 15 Min.	72
37 Klausenpasshöhe–Chammli–Brunni–Unterschächen	6 Std.	73
38 Schattdorf–Haldi–Pfaffenwald (Oberfeld)–Grätli–Bälmeten	5 Std.	75
39 Riedertal–Eggenbergli–Holzboden–Witerschwanden	2 Std. 30 Min.	76

Maderanertal–Fellital–Meiental–Göscheneralptal

40 Amsteg–Bristen–Golzern–Tritt–Balmenegg–Amsteg	9 Std. 30 Min.	78
41 Bristen–Müllersmatt–Chrüzlipass–Sedrun	7 Std. 30 Min.	81
42 Wiler–Fellilücke–Oberalppass	7 Std.	82
43 Wassen–Dörfli–Färnigen–Sustenpass–Steingletscher	5 Std. 45 Min.	84
44 Göschenen–Gwüest–Göscheneralpsee	3 Std. 15 Min.	86

Hüttenwege

45 Gitschenhörelihütte	5 Std.	89
46 Lidernenhütte	3 Std. 30 Min.	90
47 Kröntenhütte	4 Std. 30 Min.	91

Routenverzeichnis

48	Windgällenhütte	4 Std. 30 Min.	92
49	Hüfihütte	5 Std. 30 Min.	93
50	Etzlihütte	4 Std.	94
51	Treschhütte	2 Std. 30 Min.	95
52	Leutschachhütte	3 Std.	96
53	Sewenhütte	5 Std.	97
54	Sustlihütte	2 Std. 30 Min.	98
55	Salbithütte	3 Std.	99
56	Voralphütte	3 Std.	100
57	Bergseehütte	2 Std.	101
58	Chelenalphütte	3 Std. 30 Min.	102
59	Dammahütte	3 Std.	103
60	Albert-Heim-Hütte	3 Std. 45 Min.	104
61	Rotondohütte	3 Std. 30 Min.	105
62	Vermigelhütte	3 Std.	106

Die Wanderrouten sind nach Teilgebieten geordnet. Die jeweils angegebenen Zeiten gelten für die ganze Route. Dabei sind Rasten nicht eingerechnet.

Anschlüsse an den öffentlichen Verkehr werden mit folgenden Symbolen vermerkt:

Bahnstation Standseilbahn Sesselbahnstation

Bus- oder Poststation Luftseilbahn- oder Gondelbahnstation Schiffstation

Legende zu den Routenprofilen:

Stadt oder Dorf mit Kirche Schloss Ruine Wald

Weiler Gasthaus Denkmal

Einzelgebäude Klubhütte, Unterkunft Aussichtspunkt

▶ **Alter Kantonsweg Seelisberg–Bauen. Schön gepflastertes Teilstück bei Wissig (Route 16).**

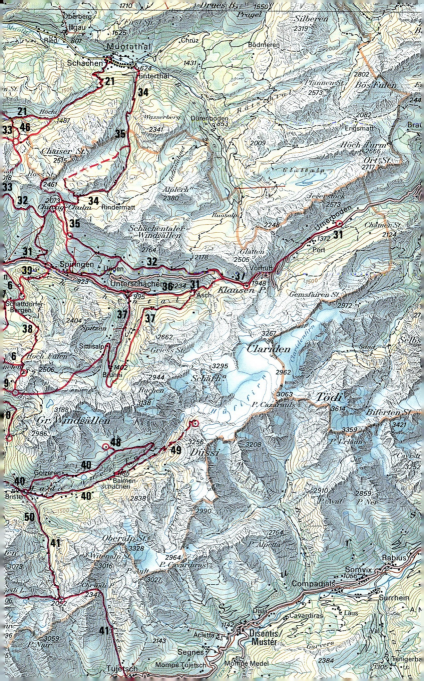

1 Morschach–Tellsplatte–Flüelen

Leichte Tageswanderung von Morschach nach Flüelen.

Route	Höhe in m	Hinweg	Rückweg
Morschach 🚠	646	–	3 Std. 45 Min.
Tannen	803	50 Min.	3 Std.
Sisikon 🚂 ⛴	446	1 Std. 45 Min.	2 Std. 40 Min.
Tellsplatte ⛴	435	2 Std. 45 Min.	1 Std.
Flüelen 🚂 🚠 ⛴	435	3 Std. 45 Min	–

Die Wanderung beginnt in *Morschach* beim Gasthaus Hirschen und führt nach wenigen Schritten an der 1939 erbauten Marienkapelle der Pallotiner vorbei zur alten Franziskuskapelle. In stetigem Aufstieg, gut beschattet, bringt uns der Weg zum höchsten Punkt der Wanderung, kurz südlich der Häuser von Hinter Schilti. Von hier aus bietet sich dem Auge ein ungehinderter Ausblick auf den tiefblauen Urnersee und die ihn umschliessenden Berge. Besonders der trutzige, kühn aufgetürmte Gitschen und die aus einer Firnmulde emporwachsende Pyramide des Uri-Rotstockes nehmen den Blick gefangen. Beim Abstieg nach *Tannen* sind auf den Matten vereinzelt erratische Blöcke (Findlinge) zu sehen. Tief unten am See träumt das stille Dorf Sisikon. Bei den Häusern von *Tannen* wird der Weg schmäler. Im Wald zweigt eine Fahrstrasse rechts und mündet oberhalb Sisikon in die Riemenstaldner-Strasse. Unser Weg überquert hintereinander drei mit Schutt gefüllte Runsen. Vor allem im Winter und Frühling kann es ab und zu vorkommen, dass vereinzelt kleinere Steine herabkollern, so dass, ohne ängstlich zu sein, gewisse Vorsicht geboten ist. Der Weg wird bald wieder breiter und mündet in das 1912 erbaute Riemenstaldner-Strässchen. Man muss nun ca. 100 m Richtung Riemenstalden wandern, um dann auf der alten, sehr schön angelegten Morschachergasse nach Sisikon absteigen zu können. Etwas oberhalb der Pfarrkirche von *Sisikon* (S. 118), die kürzlich neu und

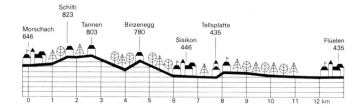

modern gestaltet wurde – vom alten Barockkirchlein blieb leider nur der Turm übrig –, betritt man das Trottoir der Axenstrasse, dem man bis nach Flüelen folgen kann, oder man benützt bei der Buggital-Galerie den neuerstellten «Bundesrat-Hans-Hürlimann-Weg» bis zur *Tellsplatte* (S. 118), um dort zur Axenstrasse aufzusteigen.

Die Wanderung nimmt ihren Fortgang auf der Axenstrasse und bietet nun grossartige Ausblicke in eine einzigartige Szenerie, die ihresgleichen wohl weit und breit sucht. Nach Verlassen der Axengalerien nehmen die ausgeprägten Faltungen der Gesteinsschichten die Blicke gefangen.

Leicht abwärts geht's weiter zur Gruonbachbrücke. Unmittelbar nach der Brücke zweigen wir rechts ab und folgen einem Strässchen, das zwischen der Bahnlinie und dem Seeufer am Strandbad vorbei zur Schifflände und zum Bahnhof *Flüelen* führt.

2 Flüelen–Attinghausen– Amsteg-Silenen

Mühelose Wanderung im Talboden der Reuss, abseits des Verkehrs, vorbei an bedeutenden historischen Stätten.

Route	Höhe in m	Hinweg	Rückweg
Flüelen 🚌 🚢 🚆	435	–	3 Std. 40 Min.
Seedorfer Reussbrücke	441	30 Min.	3 Std. 10 Min.
Attinghausen 🚆	469	1 Std. 15 Min.	2 Std. 25 Min.
Ripshusen	461	1 Std. 50 Min.	1 Std. 50 Min.
Erstfeld 🚌 🚆	471	2 Std. 30 Min.	1 Std. 10 Min.
Blüemlismattbrücke	491	3 Std. 20 Min.	25 Min.
Amsteg-Silenen 🚌 🚆	544	3 Std. 50 Min.	–

Vom Bahnhof *Flüelen* (S. 110) benützt man die Strasse, die hinter dem Stationsgebäude in südlicher Richtung führt. Dann westwärts haltend, er-

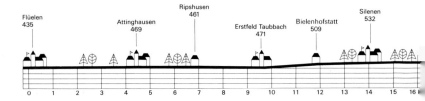

reicht man nördlich der Autobahnzubringerbrücke die Dammkronen der Reuss.
Unser Wanderweg führt auf beiden Dammkronen oder durch den Dorfkern von *Seedorf* bis zum Gasthaus Wydenmatt, dann rechts auf der Fahrstrasse bis nach *Attinghausen*. Der Bau des Reusskanals zwischen Attinghausen und dem See wurde 1851 bis 1861 als eine der ersten Leistungen des neuen schweizerischen Bundesstaates ausgeführt.
Kurz vor der Brücke lohnt sich ein Blick westwärts an den Berghang, zum turmartigen Gebäude mit Namen Schweinsberg, ehemaliger Sitz der Dienstmannen der Freiherren von Attinghausen. Gegen Osten blickend, sieht man am Ausgang des in den Jahren 1893–1899 durch den Bau der Klausenstrasse erschlossenen Schächentales den Flecken Altdorf, Hauptort des Kantons Uri, weiter oben Bürglen, der Überlieferung nach Geburtsort Willhelm Tells. Die über Bürglen liegenden Hänge führen zur Einsattelung der Chinzig Chulm, über die das Russenheer des Generals Suworow 1799 ins Muotatal hinüberstieg.
Bei der Reussbrücke in Attinghausen besteht die Möglichkeit, den rechten Dammweg bis nach Erstfeld zu benützen.
Wir durchqueren nun das Dorf *Attinghausen* (S. 108). Der Weg führt unterhalb der Ruinen des einstigen Sitzes der Freiherren von Attinghausen vorbei.
Beim Gasthaus Krone zweigt man links ab und wandert auf wohltuendem Wiesenpfad über den schmalen Landstreifen, der zwischen dem Talhang und der Reuss liegt. Der Weg erreicht bald jene Stelle, wo die steilen Felswände unmittelbar in die Reuss abfallen. Ein in die Felswand gehauener Weg führt uns nach *Ripshusen*. Am Weg stehen einige prachtvolle, alte Urnerhäuser, schöngegliedert, mit feinen Fassaden. Gleich nach Ripshusen wird der Weg breiter und führt uns, immer der Reuss entlang, nach *Erstfeld*. Unsere Wanderroute verläuft weiterhin auf beiden Dammkronen der Reuss. Am Ausgang von Erstfeld steht ostwärts der Reuss die blendendweisse Wallfahrtskapelle «Unserer Lieben Frau zur Jagdmatt».
Bei der nach Tagerlohn hinüberführenden *Blüemlismattbrücke* stehen uns zwei Möglichkeiten offen:
Wer direkt nach dem Dorf *Amsteg* (S. 117) gelangen will, bleibt am Reussufer.
Wanderer, die in Amsteg-Silenen den Zug besteigen wollen oder das an den alten Gotthardverkehr erinnernde Dörfli besuchen möchten, überschreiten die Blüemlismattbrücke und erreichen die Gotthardstrasse. Auf derselben ca. 400 m in südlicher Richtung, dann links auf dem Strässchen zur Kirche *Silenen*. Zum Bahnhof Silenen SBB führt der gut markierte Wanderweg über Vogelholz–Russ.

3 Amsteg–Silenen–Gurtnellen–Göschenen

Diese Wanderung führt durch das mittlere und obere Reusstal der Schöllenen und dem Gotthard zu und vermittelt imposante Einblicke.

Route	Höhe in m	Hinweg	Rückweg
Amsteg-Silenen 🚂 🚌	544	–	4 Std. 50 Min.
Amsteg 🚌	526	25 Min.	4 Std. 25 Min.
Vorder Ried	681	1 Std.	4 Std.
Meitschligen	672	1 Std. 30 Min.	3 Std. 30 Min.
Gurtnellen	928	2 Std. 20 Min.	2 Std. 55 Min.
Wiler (Gurtnellen) 🚂	743	2 Std. 50 Min.	2 Std. 25 Min.
Pfaffensprung	845	3 Std. 25 Min.	1 Std. 45 Min.
Wattinger Brücke	910	4 Std. 15 Min.	1 Std.
Göschenen 🚂 🚌	1102	5 Std. 25 Min.	–

Von der Station *Amsteg-Silenen* (S. 117) führt ein Weg ins Dörfli hinunter, wo ein uralter Turm steht, Überreste des Stammsitzes der Edlen von Silenen. Beim Turm biegen wir in den alten Gotthardsaumweg ein. Dicht am Weg steht die Kapelle der Vierzehn Nothelfer, die schon 1354 erwähnte Sust, das einstige Gasthaus zum Sternen, nebst weiteren typischen alten Urnerhäusern. Dieses Stück Weg im Dörfli, das wir eben beschritten haben, ist vermutlich das besterhaltene, heute noch gut erkennbare Stück des alten Gotthardweges. Wer keine Eile hat, setze sich kurz hin und überlege einmal, wie schicksalsschwer dieses Stück Erde wohl sein mag, das während Jahrhunderten eine der Pulsadern des Abendlandes trug.

Der alte Gotthardweg stieg von hier aus durch den Engpass zwischen dem Berghang und dem Berghügel von Zwing Uri nach Amsteg hinüber. Leider ist heute ein Teil dieses Weges nicht öffentlich; sollte er aber eines Tages dem Wanderer zugänglich werden, so würde gleichzeitig seine Markierung mit den offiziellen Farbzeichen erfolgen.

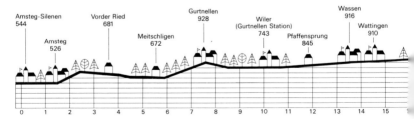

Vorläufig benutzt man die Gotthardstrasse, die am Fusse des bewaldeten Bergvorsprunges verläuft, auf dem die Zwing Uri steht als Relikt aus der Feudalzeit. Nach Aussage des Weissen Buches von Sarnen wurde diese Zwing Uri zur Zeit der Gründung der Eidgenossenschaft von den erzürnten Urnern geschleift.
Bald erreichen wir das Dorf *Amsteg*, das 1291 «ze Stege» genannt wurde. Amsteg war seit jeher ein beliebter Rastort am Gotthardweg. Am Ausgang des Dorfes kann der über 60 m hohe Viadukt der SBB nicht übersehen werden, der den aus dem Maderanertal hervorsprudelnden Chärstelenbach überquert. Die Gotthardsstrasse beginnt erst hier in Amsteg, am südlichsten Ende der Reussebene, ihren eigentlichen Anstieg gegen den St. Gotthard. Wir folgen ihr bis zum SBB-Kraftwerk. In drei Druckröhren von 1,6 m Durchmesser wird das aus dem mittleren Reusstal und aus dem Maderanertal stammende Wasser auf die sechs Turbinen geleitet. Als Hochdruckwerk liefert Amsteg im Sommer die für den Betrieb der Gotthardbahn benötigte Energie.
Gleich nach dem langgezogenen Gebäude des Kraftwerkes biegt unsere Route links in den Riedweg ein. Bald queren wir die lawinengefährdete Runse des von Bristen herabstürzenden Bristenlauibaches. An ihrem Ausgang befindet sich ein altes Lawinenschutzgewölbe. Man versteht nun, dass die Erbauer der heutigen Gotthardstrasse es vorzogen, diese in die Felsen des gegenüberliegenden, unwirtlichen Talhanges zu sprengen. Auch die Bahnlinie wird auf unserer Talseite vorsichtshalber durch einen knapp unter der Oberfläche verlaufenden Tunnel geführt.
Die schmucke Eulogiuskapelle in *Vorder Ried* enthält ein Votivbild, das den hl. Eulogius, den Schutzpatron der Säumer und Schmiede, darstellt, wie er in wunderbarer Weise das Pferd eines Reisenden beschlägt. Auch dies ist ein Hinweis auf den Gotthardweg. –Von den dunkelbraunen Häusern, die teilweise dicht am Wege stehen, stammen etliche aus dem 17. Jh.
Das Urner Bauernhaus ist meist von sogenannten Eigen umgeben. Dieses besteht in einem oft recht kleinen Grundeigentum, denn ein grosser Teil des nutzbaren Landes im Kanton Uri ist Eigentum der Korporation Uri, vor allem die Alpweiden und der Wald.

In *Meitschligen* verlassen wir den Riedweg und folgen der Gotthardstrasse einige Schritte Richtung Nord, überqueren die Meitschligerbrücke und biegen in einen Weg ein, der wieder talaufwärts zum Bahnwärterhäuschen bei Dangel ansteigt, dieses links umgeht und knapp über dem Tunneleingang die Bahnlinie überquert und über Waldi zum Dorf Gurtnellen (S. 112) führt. Gegenüber, auf der rechten Seite der Reuss, liegt der Eingang ins Fellital. Am Ende unseres Aufstieges durchquert der Weg eine ausgedehnte Hochfläche und erreicht die 1504 gestiftete und 1785 erneuerte Pfarrkirche

St. Michael. Werfen wir einen Blick auf den steilen Berghang über Gurtnellen, der in neuester Zeit mit kostspieligen Lawinenverbauungen versehen wurde, weil Gurtnellen fast durchwegs lawinengefährdet ist.
Unmittelbar bei der Kirche beginnt das Strässchen, das zum nahezu 200 m tiefer gelegenen *Wiler* (S. 112; Gurtnellen Station) hinunterführt. Wiler ist heute von Gurtnellen getrennte, selbständige Pfarrei mit der Kirche St. Josef, ist indessen politisch von Gurtnellen nicht getrennt. Auf der Ostseite der Reuss, unmittelbar an der Gotthardstrasse, steht die St.-Anna-Kapelle, unter deren weitem Vordach einst der alte Gotthardweg hindurchführte.
Auf der rechten Talseite findet der Wanderer über der Autobahn N2 einen neuerstellten Wanderweg.
Die nun folgenden Teilstrecken *Gurtnellen–Pfaffensprung–Wattingen* bestehen fast ausschliesslich aus Privatwegen. Den Wanderern ist auf Zusehen hin das Betreten dieser Wege gestattet.
Unser Wanderweg bleibt auf der linken Talseite, zweigt vor der Reussbrücke rechts ab, führt unter der SBB durch, steigt leicht bergauf, zweigt links ab und bleibt auf dem neuen Weg bis zu den Häusern von Hägrigen. Von hier aus, immer zwischen Berghang und Bahn, bringt uns ein Strässchen nahe am Kraftwerk *Pfaffensprung* vorbei zur Gotthardstrasse, die direkt nach Wassen führt. Unterhalb der Einmündung in die Strasse überbrückt die Pfaffensprungbrücke die tiefe Schlucht der Reuss. Die Sage erzählt, dass ein Mönch mit einem Mägdlein diese Schlucht übersprungen hat, um es vor Verfolgern zu retten. Hinter dem Pfaffensprung ist die Reuss aufgestaut; von hier aus wird das Wasser im Stollen zum Kraftwerk Amsteg geleitet.
Nach Überschreiten der Pfaffensprungbrücke führt der Wanderweg auf die andere Talseite bis zur *Wattinger Brücke*. Hinter der Brücke biegt der Weg in Richtung *Wassen* links ab, überquert den Rohrbach und führt unter dem Vordach der St.-Josef-Kapelle hindurch talaufwärts. Kurz vor der Schöni benützen wir den neuen Weg und Steg über den Naxtalbach. Durch den Durchlass der SBB-Linie gelangen wir auf die Schutzgalerie der Gotthardbahn, und auf dem neuerstellten Strässchen parallel zum Bahntrassee erreichen wir *Göschenen* (S. 111).

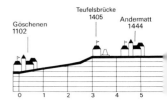

4 Göschenen–Andermatt–St. Gotthard–Airolo

Imposante Wanderung durch die Schöllenenschlucht nach Ursern; von Hospental aus grösstenteils auf den Spuren des alten Gotthardweges mühelos zum Gotthardhospiz; wesentlich steilerer Abstieg durch die Tremola nach Airolo, eindrückliche Tiefblicke ins Val Bedretto und in die obere Leventina.

Route	Höhe in m	Hinweg	Rückweg
Göschenen	1102	–	7 Std. 20 Min.
Teufelsbrücke	1405	1 Std.	6 Std. 40 Min.
Andermatt	1444	1 Std. 30 Min.	6 Std. 15 Min.
Hospental	1452	2 Std. 10 Min.	5 Std. 35 Min.
Mätteli	1753	3 Std. 20 Min.	4 Std. 40 Min.
Passo del S. Gottardo	2108	4 Std. 50 Min.	3 Std. 30 Min.
Motto Bartola	1527	6 Std. 15 Min.	1 Std. 25 Min.
Airolo	1175	7 Std. 10 Min.	–

Am Eingang von *Göschenen* (S. 111) führt der Weg im alten Dorfteil durch das noch erhaltene Zolltor und über die Brücke auf die rechte Seite der Göscheneralpreuss. Ab hier benützen wir nun das Trottoir der Gotthardstrasse.
An deutlich sichtbarer Stelle zu Beginn der Schöllenen (S. 115) zweigt der Wanderweg nach rechts ab zur dreibogigen Häderlis- oder Sprengibrücke. Hernach führt der Weg, dem alten Saumweg entlang, unter Abschneiden einer Kehre der neuen Strasse, bis zum Brüggwald. Hier in der Schöllenen lohnt es sich, an vergangene Jahrhunderte zu denken, in denen eine Reise durch diese urtümliche Schlucht doch ein bedeutend eindrücklicheres Erlebnis war als heute, wo eine Asphaltstrasse alles Gefährliche auszuschliessen scheint. Auch lohnt es sich, noch weiter zurückzudenken an die Zeiten vor der Überwindung der Schöllenen, als der Reiseverkehr der Überliefe-

rung nach über die steilen Hänge des Bäzberg sich abgewickelt haben soll. Nach einigen Abkürzungen mündet unser Weg in die alte, seit einigen Jahren verlassene Strasse, die uns um eine scharfe Felskante herum an die engste Stelle der Schlucht und über die *Teufelsbrücke* führt. Über uns spannt sich in kühnem Bogen die neue, für den heutigen Motorfahrzeugverkehr geschaffene Brücke, und unter uns erblicken wir noch Mauerreste der am 2. August 1888 eingestürzten alten Teufelsbrücke. Auf der Ostseite der Reuss, eingemeisselt in stahlharten Gotthardgranit, erinnert das sogenannte Russendenkmal an den unglücklichen Vorbeizug des Russenheeres unter General Suworow Anno 1799.

Am Südkopf der neuen Brücke erwartet uns das in letzter Zeit stark erweiterte Urnerloch, Anno 1707 als der älteste Strassentunnel an der Gotthardroute durchbrochen. Früher jedoch hing hier, an den Felsen des Chilchenberges, die einstmals berühmte Twärrenbrücke.

Noch wenige Schritte trennen uns von der Stelle, wo ein einzigartiger Szeneriewechsel jeden Wanderer und selbst den schnellen Autoreisenden beeindruckt. Eben und heiter hebt sich Urseren von der steilen, düsteren Schöllenen ab, und hinten grüsst bereits Andermatt hingebettet unter den schon 1397 gebannten Schutzwald. Hören wir, was Friedrich Schiller 1804 über den Eintritt nach Urseren schrieb, einmalig gültig, obwohl der Dichter nie in Urseren war:

Es öffnet sich schwarz ein schauriges Tor,	Wo der Herbst und der Frühling sich gatten.
Du glaubst Dich im Reiche der Schatten;	Aus des Lebens Mühen und ewiger Qual
Da tut sich ein lachend Gelände hervor,	Möcht' ich fliehen in dieses glückselige Tal.

Unmittelbar vor der Kaserne steht links am Berghang die uralte, sehenswerte Talkirche St. Kolumban, wahrscheinlich vor der Jahrtausendwende errichtet. Wir überschreiten das Geleise der Furka-Oberalp-Bahn und betreten das heute als Wintersportort und Waffenplatz bekannte *Andermatt* (S. 118).

Südwestlich des Dorfes überquert man die Reuss und wandert dann auf Naturträsschen nach Tenndlen und weiter über die alte Steinbogenbrücke (Tenndlen-Brücke) zum Passdorf *Hospental*. Dieses typische Passkreuzdorf mit seinen historischen Gebäuden wird erstmals 1285 erwähnt.

Ein architektonisches Kabinettstück ist die Kaplaneikirche St. Karl mit angebautem Pfrundhaus aus dem Jahre 1719. Hier, am «Scheidpunkt Europas», steht folgender sinnvoller Wanderspruch an ihrem Giebel:

Hier trennt der Weg,	zum deutschen Rhein,
O Freund wo gehst du hin?	nach Westen weit,
Willst du zum ewgen Rom hinunterziehn,	ins Frankenland hinein?
hinab zum heilgen Köln,	

Wir wenden uns südwärts. Wenige Schritte nach der Gotthardreussbrücke zweigt links ein Pfad ab und führt östlich der neuen Strassenserpentinen bergan, benützt eine Unterführung unter der neuen Strasse und führt durch eine Mulde zur nächsten Geländekuppe. Leicht ansteigend, erreicht man einen breiteren Weg, der taleinwärts und sachte abfallend die Gotthardstrasse erreicht. Auf dieser geht's um die Kurve und ungefähr 100 m nach dem Gamssteg links ab. Der Pfad durchquort den weichen Talboden und geht dort, wo die Reuss nahe an den Berghang tritt, in den deutlich erkennbaren Saumweg über. Im Weiteraufstieg benutzt man vorteilhaft einen neueren Weg, weil sich der zur Linken emporwindende Saumweg öfters verliert. Beim Restaurant *Mätteli* treffen wir kurz auf die neue Strasse, steigen aber gleich links wieder zum nächsten Talboden ab. Im nun folgenden Teilstück bis zum Brüggloch, wo sich Uri mit dem Tessin trifft, ist der alte Gotthardweg besonders gut erhalten.

Da der Kanton Tessin die neue Autostrasse zum Teil auf bisherigen Wanderwegen erstellte, ist der Wanderer auf den noch teilweise gut sichtbaren alten Gotthardweg zwischen der Reuss und der neuen Autostrasse oder die alte Kantonsstrasse angewiesen. Im Taleinschnitt rechts ist die hohe Staumauer des Lago di Lucendro zu sehen. An mehreren kleinen Bergseen vorbei erreicht man leicht das auf 2091 m ü.M. gelegene *Ospizio (Gotthard Hospiz)* (S.113), heute eine Stiftung, auf Europas Wasserscheide.

Unser Wanderweg benützt vom Hospiz aus zuerst den alten Saumweg Richtung Totenkapelle, die noch im 18. Jh. ihre Funktion erfüllt haben soll, weil sie über einer Grube steht, die manchem in der Härte des Winters umgekommenen Reisenden zur letzten Ruhestätte wurde.

Nach kurzer Strecke senkt sich der Weg steil und holprig in die Tiefe. Bei den ersten Kehren erreicht man die alte Strasse, während die neue imposant entlang der Westflanke des Val Tremola südwärts führt. Nach gut 100 m verlässt man die Strasse wieder und lässt die obersten Kehren derselben links liegen. Ein gut markierter Pfad führt talauswärts und bietet eindrückliche Tiefblicke ins Val Tremola. Noch zweimal trifft unser Wanderweg auf die Strasse, vor allem dort, wo die Schlucht sehr eng ist, so dass man gezwungen ist, annähernd 500 m hart am Rand der Strasse zurückzulegen, um dann links abzweigend die 1631 erbaute Tremolabrücke zu überschreiten. Von da führt ein Fahrsträsschen hinunter nach Motto di dentro und hinunter auf die Hochebene von *Motto Bartola.*

Wir folgen der Strasse in östlicher Richtung bis zur nächsten Kurve. Dort beginnt ein anfangs etwas steiler Weg, der aber bald recht gemütlich dem Talhang folgend weiterzieht. Nach einigen Kehren erreichen wir die über dem Dorf Airolo errichtete grosse Lawinenschutzmauer und befinden uns in wenigen Augenblicken mitten im Dorf *Airolo* (S.114).

5 Altdorf–Eggbergen

Wanderung durch den historischen Bannwald von Altdorf.

Route	Höhe in m	Hinweg	Rückweg
Altdorf 🚂 🚡	446	–	2 Std. 15 Min.
Eggbergen 🚡 🚂	1445	3 Std.	

Unweit der Pfarrkirche *Altdorf* (S. 108; Gemeindehausplatz mit Dortbrunnen) folgt man den Wanderwegzeichen und wandert Richtung Vogelsang, hernach auf asphaltiertem Weg durch den Bannwald. Bei der Mittl. Planzeren (695 m) teilt sich der Weg. Eine Spitzkehre greift weit nach Süden aus, um nach einer guten Viertelstunde Weges wieder nach Norden zu kehren. Dieser Seitensprung wird auf der Ober Planzeren, wo sich die Zwischenstation der Luftseilbahn Flüelen–Eggbergen befindet, durch einen herrlichen Tiefblick auf den Urnersee und auf die Reussebene reichlich belohnt. Der gut markierte, anfänglich ordentlich breite Weg wird später schmäler und steiler, führt weiter aufwärts durch den Wald und vereinigt sich weiter bergwärts mit dem von Flüelen kommenden Weg und leitet mit diesem gemeinsam in östlicher Richtung auf die *Eggbergen* empor.

Nebenroute

Von der Oberen Planzern (Mittelstation der Luftseilbahn) bietet sich dem Wanderer noch ein weiterer Weg an, um auf die Eggbergen zu gelangen. Den von Zivilschutztruppen ausgebesserten Weg im steilen Schutzwald ob Altdorf erreicht man kurz nach Eintritt in den Wald. Der Wegweiser weist in südliche Richtung. Vorerst ist der ordentliche Waldweg mässig steil, wird jedoch später schmäler, dementsprechend steiler und teilweise etwas ausgesetzt. Das letzte Teilstück zur Rot Flue und auf die Sonnenterrasse Eggbergen ist in Teilstücken als breiter Waldweg ausgebaut. Kurz vor dem Endziel geht es in leichtem Auf und Ab zur Bergstation der Luftseilbahn *Eggbergen* 1 Std. 30 Min.

◀ **Gitschen, Urirotstock und Schlieren:** drei markante Gipfel über dem stark eingetieften Urnersee. Der Uri-Rotstock gilt als bekannter Aussichtsberg und ist ein beliebtes Ziel für den geübten Bergwanderer und Bergsteiger.

6 Schattdorf–Figstuel–Stöck–Sunntigsboden–Bürglen

Herrliche Wanderung durch schattigen Wald, über sonnige Bergmatten, durchs romantische, stille Riedertal nach Bürglen.

Route	Höhe in m	Hinweg	Rückweg
Schattdorf	481	–	5 Std.
Süessberg	1219	2 Std. 30 Min.	3 Std.
Sodberg	1225	3 Std.	2 Std. 30 Min.
Riedertaler Chappelen	908	3 Std. 45 Min.	1 Std. 30 Min.
Bürglen	550	4 Std. 45 Min.	–

Vom Dorfplatz *Schattdorf* (S. 115) wandern wir, nahe der Kirche vorbei, auf einem schattigen Waldweg durchs Teiftal hinauf zum Pt. 1025, queren beim sogenannten Frankrichbrüggli den Gangbach, steigen zum Aussichtspunkt Figstuel hinauf und von dort über Stöck, ferner über *Süessberg* an den schmucken Berghäusern vorbei, immer leicht aufwärts, über Pt. 1219 zum *Sodberg*. Auf einer kleinen Anhöhe steht eine Anno 1931 erbaute hübsche Kapelle mit Gemälden der Urner Künstlerin Erna Schillig. In weiter Rundsicht streift unser Blick bekannte Berge wie Krönten, Gross Spannort, Uri-Rotstock, Oberbauenstock, Niderbauen Chulm, Rossstock, Chaiserstock sowie ganz südlich Wängihorn, Hoch Fulen und Bälmeten. Als weitere Möglichkeit kann der Wanderer via Acherli–Lehn–Figstuel Haldi erreichen. Nur noch leicht ansteigend führt der Weg bis zum höchsten Punkt der Route, Sunntigsboden. Von hier geht es auf dem steilen, viele Kehren aufweisenden Fussweg ins Riedertal. Tief im Talgrund überschreiten wir den Bach und erreichen auf breitem, stets fallendem Talweg die *Riedertaler Chappelen*. Hier lohnt es sich, auf der Bank unter der Vorhalle der alten, ehrwürdigen Kapelle zu rasten und die Ruhe auf sich wirken zu lassen. Wer Sehnsucht hat, trete in die Kapelle hinein und staune ob der Fülle an Kunst, die sich dem Auge bietet, denn die Anno 1588 erbaute Wallfahrtskapelle

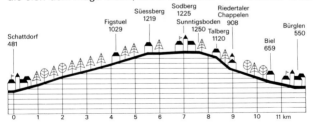

weist guterhaltene Fresken, hochinteressante Altäre und vor allem eine berühmte Pietà auf.
Immer nahe dem Bach entlang folgen wir dem Weg bis zum Wasserreservoir der Gemeinde Bürglen etwas unterhalb der Kapelle zu Schrannen und benützen von hier weg das neuen Strässchen nach Obrieden und Biel. Von hier führt ein Feldweg, mitten durch Matten und Heimetli, nach *Bürglen* (S. 109), dem Endpunkt unserer Wanderung.

7 Haldi–Sodberg–Gampelen–Schilt–Lehn–Schattdorf

Wer gerne abseits in der Stille wandert, über Weiden und durch Bergwald, der wähle diese empfehlenswerte Wanderung.

Route	Höhe in m	Hinweg	Rückweg
Haldi	1078	–	5 Std. 15 Min.
Sodberg	1225	30 Min.	4 Std. 45 Min.
Gampelen	1485	2 Std.	4 Std.
Schilt	1440	2 Std. 30 Min.	3 Std. 15 Min.
Lehn	861	3 Std. 45 Min.	1 Std. 15 Min.
Schattdorf	481	4 Std. 30 Min.	–

Ausgangspunkt der Höhenwanderung ist *Haldi,* die Bergstation der Luftseilbahn Schattdorf–Haldi. Auf breitem, gutausgebautem Strässchen wandern wir, immer leicht ansteigend, durch die sonnigen Matten der Schattdorfer Berge nach *Sodberg.* Die schmucke Kapelle auf der Anhöhe grüsst schon aus der Ferne. Am nahen Berggasthof vorbei führt der Weg Richtung Schwandiberg, dann leicht abfallend, am Bergkreuz vorbei zu Pt. 1219 in die Gegend von Süessberg. Hier weist der Wegweiser steil hangaufwärts zum Heimwesen Haseli und durch den Bergwald zur Alp *Gampelen.* Man ist

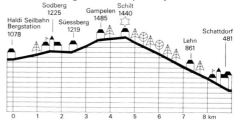

erstaunt über die grosse Ebene hier oben, eingerahmt von prächtigem Fichten- und Tannenwald. Die Alp durchqueren wir in der Längsachse, um am Endpunkt wieder einen Pfad zu finden, der in leichtem Auf und Ab zur Alp *Schilt* führt. Ein überwältigender Tiefblick ins Reusstal, auf den Urnersee und auf die umliegenden Berge belohnt reichlich die Mühen des Aufstiegs. Der Abstieg erfolgt auf gut markiertem Weg durch den Scheidwald über Pt. 1375, das Lauwital querend zum Heimwesen *Lehn* mit der Bergstation der Luftseilbahn Schattdorf–Lehn.
Auf einem steilen Viehfahrweg geht es über Bol ins Teiftal und nach *Schattdorf* (S. 115).

8 Erstfeld–Ober Schwandi–Strängmatt

Steile Wanderung durch Wald und Bergwiesen zum Berggasthof Strängmatt, schöne Tiefblicke.

Route	Höhe in m	Hinweg	Rückweg
Erstfeld	472	–	2 Std. 15 Min.
Ober Schwandi	1113	2 Std. 15 Min.	30 Min.
Strängmatt	1251	3 Std.	–

Von *Erstfeld* (S. 110) Bahnhof SBB zuerst ungefähr 700 m entlang der Hauptstrasse Richtung Norden. Nach der reformierten Kirche zweigt der Weg rechts ab und führt über Bitzi dem Wald entlang zum Plätteli hinauf. Von da wendet er sich gegen Osten steil den Wald hinauf. Über Unter Schwandi gelangt man auf die Terrasse der *Schwandiberge*. Links führt der Weg zur Bergstation *Ober Schwandi* der Luftseilbahn Erstfeld–Schwandibergen empor. Ein prächtig angelegter Höhenweg zieht sich nun fast horizontal zum Berggasthaus *Strängmatt*.

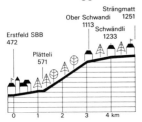

9 Strängmatt–Stich–Brunni–Unterschächen

Alpiner, abwechslungsreicher Übergang vom Reusstal ins Schächental.

Route	Höhe in m	Hinweg	Rückweg
Strängmatt	1251	–	6 Std. 45 Min.
Öfeli	1754	1 Std. 30 Min.	5 Std. 45 Min.
Stich	2329	3 Std. 30 Min.	4 Std. 45 Min.
Vorder Griesstal	1909	4 Std. 15 Min.	3 Std. 30 Min.
Brunni	1402	5 Std. 30 Min.	1 Std. 45 Min.
Unterschächen 🚌	995	6 Std. 45 Min.	–

Vom Ausgangspunkt *Strängmatt* (Hinweg siehe R. 8) führt der Weg zuerst über Wiesen, später steil durch den Wald hinauf nach Ronen und von hier durch Legföhrenbestände, aber gut markiert, weiter. Er kreuzt in einem felsigen Absatz den Plattenbach und steigt über die Steilrampe hinauf in die flache Mulde des *Öfeli*.

Der Bergweg zieht sich in nördlicher Richtung weiter. Das Felsband, das sich oberhalb des Öfeli quer über das Tal legt, wird nach rechts umgangen. Dann wendet man sich nordwärts, den Wänden des Rinderstockes entlang, zur Alp Bälmeten, deren einfache Hütte unter einem überhängenden Felsen steht.

Der Weg führt nun über Weiden in einen Schuttkessel hinein, der südwestlich unter dem Hoch Fulen liegt. Von hier folgt man den Weiss-Rot-Weiss-Markierungen nach rechts aus dem Schuttkessel heraus in ein schmales, steiles Geröllcouloir und steigt gegen die sichtbare Gratlücke empor zum Kulminationspunkt *Stich*.

Ein grossartiger Blick entschädigt für die Mühen des Aufstiegs. Unmittelbar hinter uns türmen sich die Wände der Gross Windgällen zum Himmel und ringsum nichts als Gipfel an Gipfel, eine eindrucksvolle, hochalpine Welt.

In östlicher Richtung geht es über Geröll und Gras ins Griesstal. Man ge-

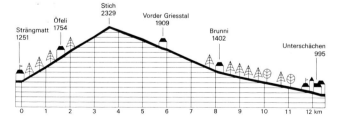

Reusstal–Urserental 32

langt zunächst nach Hinter Griesstal. Von hier führt der Weg durch das mit Steinen und Blöcken übersäte Tal auswärts zu den Hütten von *Vorder Griesstal* und dann durch die Mitte der Talmulde zur Höch Gand. Bald steht man am Rand der Höhenterrasse, hoch über Brunni. Horizontal geht es hinüber zur Sittlisalp, und bei Gross Bach wendet man sich südwärts nach *Brunni* hinunter. Von der Sittlisalp führt eine Luftseilbahn ins Brunnital.
Von Brunni führt ein bequemer und landschaftlich reizvoller Weg dem Hinter Schächen entlang zum Bad hinaus (Kapelle). In wenigen Minuten erreicht man von hier das Bergdorf *Unterschächen* (S. 114).

10 Strängmatt–Chilcherbergen
Anspruchsvolle Wanderung auf meist schmalem, exponiertem Bergpfad.

Route	Höhe in m	Hinweg	Rückweg
Strängmatt	1251	–	1 Std. 45 Min.
Öfitalberg	1228	45 Min.	1 Std
Chilcherbergen	1125	1 Std. 45 Min.	–

Von Erstfeld gemäss Route 8 zum Ausgangspunkt. Wir beginnen unsere Wanderung beim Berggasthaus *Strängmatt*. Der vorerst gute Bergweg führt uns zum *Öfitalberg*. Ab hier ist der Weg wohl bis Chilcherbergen begehbar, jedoch für Familien mit Kindern oder noch nicht geübte Wanderer nicht zu empfehlen, bevor die Steilstücke und Bergrunsen ausgebaut und mit den nötigen Sicherungen versehen sind. Dem Wanderer wird empfohlen, sich jeweils an den Ausgangspunkten über den Wegzustand zu orientieren. Den steilen Abstieg nach Silenen überwindet man mühelos mit der Seilbahn in *Chilcherbergen*.

Abstieg
Strängmatt–Öfital–Buechholz–Erstfeld 2 Std.

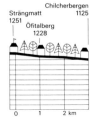

11 Wiler–Gurtnellen–Richligen–Arnisee–Amsteg–Silenen

Wohl eine der schönsten Wanderungen im Urner Reusstal.

Route	Höhe in m	Hinweg	Rückweg
Wiler (Gurtnellen) 🚂	745	–	5 Std. 45 Min.
Gurtnellen	928	45 Min.	4 Std. 30 Min.
Richligen	1065	1 Std. 30 Min.	4 Std.
Arnisee 🚠	1368	3 Std.	2 Std. 45 Min.
Amsteg-Silenen 🚂 🚋	526	5 Std.	–

Eine schmale Bergstrasse verbindet *Wiler* mit *Gurtnellen* (S. 112). Vom Dorfkern bei der Kirche St. Michael, die 1504 gestiftet und 1758 erneuert wurde, wandern wir durchs offene Gelände an zerstreuten Heimwesen vorbei. Oberhalb der hübsch gelegenen Maria-Hilf-Kapellen zu *Richligen* geniessen wir nochmals den Blick ins obere Reusstal.

Wir verlassen nun die sonnigen Wiesen von Gurtnellen und streben dem Arnisee zu. Bevor die Heissigegg erreicht ist, öffnet sich linker Hand das Intschialptal. Das Wasser dieses Tales wird etwas oberhalb unseres Strässchens gefasst und in den Arnisee geleitet. Dasselbe geschieht auch mit dem Leitschachbach, den wir kurz nach Heissigegg auf einem Eisenbrücklein überqueren. Noch einige hundert Schritte, und der *Arnisee* ist erreicht.

Durch kleine Staumauern wurde der ehemalige Arniboden in den Jahren 1908–1912 abgesperrt und der ungefähr 260 000 m³ fassende Stausee gebildet. Seine Wasser treiben die Turbinen der Zentrale Plattischachen in Amsteg.

Die ganze Wanderung bietet ausserordentlich imposante Einblicke in die Gebirgswelt des oberen Reusstales und des Maderanertales. In ungeheurer Steilheit türmen sich auf der Ostseite der Reuss Bristen und Taghorn, getrennt durch das enge Fellital, das in klassischer Steilstufe zum Haupttal abfällt und seit Jahren ein Eidgenössisches Jagdbanngebiet beherbergt.

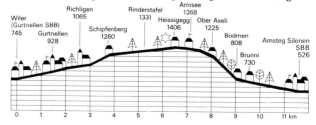

Nördlich des Bristen verläuft das romantische Maderanertal in westöstlicher Richtung gegen die Gletscherwelt am Gross Schärhorn und Gross Düssi. Im Taleinschnitt erblickt man das Dorf Bristen.
Das Windgällenmassiv mit Chli Windgällen als westlichstem Punkt und die gewaltige Felsbastion der Gross Windgällen weiter östlich stehen jenseits des Reusstales fast in Griffnähe. Beachtenswert ist der Felsabsturz an der Chli Windgällen, der Ende der dreissiger Jahre etwelchen Kummer verursachte. Nördlich der Windgällen sind Rinderstock, Schwarz Grat, Bälmeten und Hoch Fulen die Wächter gegen Norden. Talauswärts erkennt man die Talebene der Reuss mit den Ortschaften Erstfeld und Altdorf. Linksseitig der Reuss bildet die mächtige Flanke des Geissbergs oder Witenstocks den Talabschluss gegen Westen, während Intschialp und Leitschach enge Einschnitte gegen Westen darstellen. Nach Süden blickend, erkennt man im Talgrund das Dorf Wassen mit dem Eingang ins Meiental und weiter südlich den engen Kessel von Göschenen, die Wände der Schöllenen und die Berge des Gotthardmassivs.
Der Abstieg erfolgt von Arnisee über Ober Axeli, Unter Axeli, Bodmen nach Intschi (Haltestelle) oder über Brunni nach *Amsteg* (S. 117).

Abzweigungen
a) Hinter Arni–Schwändli–Bodmen–Intschi 🚌 🚋 1 Std. 30 Min.
b) Rinderstafel–Berg–Bodmen–Intschi 🚌 🚋 1 Std. 30 Min.
c) Richlingen–Hohenegg–Intschi 🚌 🚋 1 Std.

12 Wiler–Stäuberkapelle–Gurtnellen–Wiler

Selten begangene Rundwanderung.

Route	Höhe in m	Hinweg	Rückweg
Wiler (Gurtnellen) 🚂	745		2 Std.
Stauberkapelle	909	30 Min.	1 Std. 45 Min.
Stäubenwald	1120	1 Std. 15 Min.	1 Std. 15 Min.
Gurtnellen	928	1 Std. 45 Min.	45 Min.
Wiler (Gurtnellen) 🚂	734	2 Std. 15 Min.	–

Der dem Gotthardreisenden bestens bekannte Weiler *Wiler* (S. 112) gehört zur Gemeinde Gurtnellen. Vom Bahnhof SBB benützt man ein kurzes Stück die Fahrstrasse nach Gurtnellen-Dorf. Bei der ersten Abzweigung führt der Weg zu den letzten Häusern, und ab hier findet der Wanderer einen bequemen Waldweg bis zur *Stäuberkapelle,* die mitten im Wald steht. Auf der Südseite der Wallfahrtskapelle steigt man auf dem Bergweg aufwärts und überquert die Druckleitung des Kleinkraftwerks zweimal. Der bequeme Bergweg führt vom Holzplatz weg vorerst nordwärts, steigt dann später an und mündet im Gorerenwald in den Alpweg Gurtnellen–Gorneren. Auf dem breiten Viehtriebweg geht es leicht abwärts zum Dorf Gurtnellen. Auf diesem Teilstück findet der Wanderer beim St.-Antonius-Bildstöcklein einen herrlichen Aussichtspunkt. Der Tiefblick ins obere Reusstal bis in die Schöllenen ist grossartig. Sehr eindrücklich sind die Lawinenverbauungen am Geissberg oberhalb von Gurtnellen, die das Dorf und dessen Einwohner in der harten Winterzeit vor Lawinen schützen. Im Mittelpunkt des Dorfes *Gurtnellen* steht die Kirche St. Michael, erbaut 1785. Decken-, Wand- und Altarbilder stammen von Karl Meinrad und Franz Xaver Triner.
Für den Abstieg von Gurtnellen Dorf benützt man nebst den vorhandenen Abkürzungen meistens die Fahrstrasse, die ins Tal nach *Gurtnellen* Wiler führt.

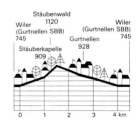

13 Andermatt–Nätschen–Oberalppass–Fellilücke–Lutersee–Andermatt

Stille, schöne Wanderung durch ein Gebiet mit herrlicher Alpenflora. Bei Nebel und Regenwetter ist diese Wanderung nicht zu empfehlen.

Route	Höhe in m	Hinweg	Rückweg
Andermatt	1444	–	6 Std. 30 Min.
Nätschen	1842	1 Std. 15 Min.	6 Std. 45 Min.
Schöni	1883	1 Std. 30 Min.	5 Std. 30 Min.
Oberalp	2033	2 Std. 15 Min.	4 Std. 30 Min.
Fellilücke	2478	3 Std. 30 Min.	3 Std. 30 Min.
Lutersee	2358	4 Std. 15 Min.	2 Std. 30 Min.
Lochstafel	2185	5 Std.	1 Std. 30 Min.
Andermatt	1444	6 Std. 30 Min.	–

Wer die Strecke Andermatt–Nätschen–Oberalppass zu Fuss zurücklegen will – Fahrgelegenheit bietet die FOB –, benütze den Fussweg ab Wyler *Andermatt* (S. 118) bis *Nätschen*. Neben der Strasse zum Oberalppass suche man den Weg über Alpen und Weidland. Kurz vor der Passhöhe bietet sich die Möglichkeit, neben der Galerie in Richtung Pass zu wandern.
Bei den Gaststätten auf dem *Oberalp* zweigt der Weg links ab und führt vorerst auf einem steilen Pfad, später weglos erst rechts, dann links hinauf zur *Fellilücke*. Das Fellital bis hinaus zur Treschhütte SAC liegt zu unseren Füssen, während im Südosten Piz Blas und Scopi über den Seitentälern des Tavetsch thronen.
Nachdem wir ergiebig gerastet und die Schönheiten dieser Bergwelt in uns aufgenommen haben, wandern wir zum tiefblauen *Lutersee* und entlang des Südhangs unter Gross- und Chli Schijen in Richtung *Lochstafel*. Hier geniesst man eine überwältigende Aussicht ins Gotthard- und Furkagebiet.

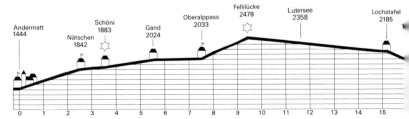

Ein Strässchen führt zur Haltestation Nätschen der FOB. Wer jedoch zu Fuss den Abstieg nach Andermatt wagen möchte, benütze den gut markierten Pfad durch die Lawinenverbauungen oberhalb der Kaserne Altkirch. Der Ausgangspunkt dieses Abstiegweges ist beim Gütsch (Pt. 2028) und beim Nätschen mit Wegweisern markiert. Unmittelbar zwischen der Talstation des Sesselliftes und der Kaserne Altkirch gelangt man ins Dorf *Andermatt*.

Abzweigung
Oberalppass–Trug–Nurschalas–Lai da Tuma 2 Std. 30 Min.

14 Andermatt–Gurschen

Angenehme, leichte Wanderung mit herrlichen Ausblicken auf Andermatt und die Bergwelt des Urserentales.

Route	Höhe in m	Hinweg	Rückweg
Andermatt	1444	–	1 Std. 15 Min.
Gurschen	2209	2 Std. 15 Min.	–

Mitten im Dorf *Andermatt* (S. 118), bei der Dorfbrücke, zwängt sich der Wanderweg fast unsichtbar durch die südliche Front der Häuserreihen an der Dorfstrasse und steigt sofort steil an. Nur wenige Zeit bleibt für einen Blick ostwärts zur Wallfahrtskapelle Maria-Hilf über Andermatt, und schon verschwindet der Weg im Urserenwald, den die Einheimischen Gurschenwald nennen. In angenehmer, stets gleichbleibender Steigung geht es aufwärts, anfänglich durch geschlossenen, hochstämmigen Wald, später durch lichte Aufforstung, in welche eine grosse Anzahl von Lawinenverbauungen eingebaut ist.
Das ganze Urserental ist von einer Unzahl von Lawinenzügen bedroht, von denen einzelne auch die Ortschaften gefährden. So wird entlang unseres

Blick ins Urserental mit Hospental und seinem Bannwald, der den Hangfuss des Chastelhorns einnimmt.

Wanderweges der Lawinengefahr dadurch begegnet, dass man Verbauungen erstellt. Im talnahen Teil, wo der aufwachsende Wald mit der Zeit die Lawinenverbauungen ersetzen wird, sind diese aus Holz gebaut. In höher gelegenen Teilen, wo der Wald nicht aufzukommen vermag oder nur ausserordentlich langsam wächst, sind sie aus Eisen, Stahl oder aus Aluminium. Unversehens haben wir inzwischen die Alp *Gurschen* erreicht. Die Rundsicht ist grossartig und reicht vom Oberalppass bis zur Furka. Durch offene Alpweiden streben wir auf neuangelegtem Weg der Mittelstation Gurschen der Luftseilbahn Andermatt–Gemsstock zu.

Wer die Mühen des Abwärtssteigens scheut, vertraue sich der Luftseilbahn an, die ihn in kurzer Fahrt nach Andermatt zurückbringt, oder steige zuerst auf den Gemsstock, der mit seiner Höhe von 2961 m, zentral im Gotthardmassiv gelegen, eine grossartige Schau in die Alpen bietet, vom Mont-Blanc in Westen bis zu den Gipfeln des Arlberggebietes im Osten.

Die Wanderung zurück ins Tal erfolgt auf dem gleichen Weg, den wir zum Aufstieg benützt haben. Sie dauert eine gute Stunde.

Abstiege
a) Gurschen–Mändli–Gigen–Tristel–Andermatt 🚌 🚠 1 Std. 15 Min.
b) Gurschen–Mändli–Gigenstafel–St. Annawald–Hospental 🚌 🚃 🚠
   1 Std. 30 Min.

15 Tiefenbach–Lochbergegg–Rossmettlen–Andermatt

Anspruchsvolle Höhenwanderung mit herrlichen Tiefblicken ins Urserental, vom geübten Wanderer gut zu bewältigen.
Tiefenbach liegt unterhalb des Furkapasses an der Passstrasse. Man erreicht den Ausgangspunkt mit dem Postauto ab Andermatt oder Realp.

Route	Höhe in m	Hinweg	Rückweg
Tiefenbach 🚌	2106	–	6 Std.
Gspenderboden	2266	1 Std.	5 Std.
Wasserfassung	2020	1 Std. 45 Min.	4 Std.
Rossmettlen	2058	4 Std.	2 Std. 15 Min.
Andermatt 🚌 🚗 🚡	1444	5 Std. 30 Min.	–

Von *Tiefenbach* steigt man auf einem kleinen Weg zwischen den Gebäulichkeiten empor bis zum Strässchen, das uns über Tätsch zum *Gspenderboden* führt. Nun geht es abwärts bis zum Lochbergbach. Hier benützen wir ein kurzes Wegstück abwärts den Hüttenweg der Albert-Heim-Hütte SAC und erreichen die *Wasserfassung.* Das hier gefasste Wasser fliesst durch einen Stollen in den Göscheneralpsee. Wenig unterhalb der Fassung erkennt man den Weg, der nach Realp führt. Nach Andermatt geht es leicht ansteigend über Lipferstein zur Rinbort-Hütte, dann über Rotenberg links an den Luterseelenen vorbei in Richtung *Rossmettlen.* Bei Pt. 2058 zeigt uns der Wegweiser die Abzweigung nach Hospental und Andermatt.
Eine kurze Rast vor dem Abstieg ins 600–700 m tiefer liegende Urserental ist zu empfehlen. Sicher wird ein Blick auf die umliegenden Berge vom Furkapass über Muttenhorn–Rotondo–P. Lucendro–Winterhorn–Centrale–Gemsstock–P. Badus und Pazolastock bis zum Oberalppass jedem Wanderer in bester Erinnerung bleiben. Alle diese Gipfel werden vom Alpinisten nicht nur im Sommer aufgesucht, sondern sind auch lohnende Berge, die im Frühling den Skifahrer in Massen anlocken, sind sie doch über die meist

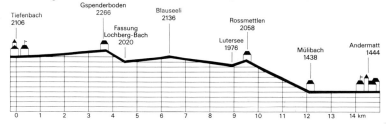

schneefreien Passstrassen schon frühzeitig gut erreichbar. Bei der Abzweigung steigt man vorerst abwärts bis ca. 1800 m, dann den Planggen entlang nach Mülibach. Von hier erreicht man in kurzem Abstieg den Talboden und den Endpunkt *Andermatt* (S.118).

Abzweigung
a) Wasserfassung–Pt. 2020–Wichel–Realp 🚂 🚌 45 Min.

Hüttenwege
b) Realp–Lochberg–Albert-Heim-Hütte 3 Std., Route 60.
c) Realp–Hinter Schweig–Oberstafel–Rotondohütte 2 Std. 30 Min., Route 61.

▶ **Oberhalb Wassen,
Viadukt der Gotthardbahn
über die Meienreuss.**

Urnersee–Isental–Gitschital 42

16 Treib–Seelisberg–Bauen–Isenthal–Seedorf–Attinghausen

Schöne, genussreiche Wanderung in romantischer Landschaft über dem Urnersee, angesichts einer hehren Bergwelt.

Route	Höhe in m	Hinweg	Rückweg
Treib	435	–	7 Std.
Seelisberg	766	1 Std.	6 Std. 30 Min.
Seelisberg (Oberdorf)	839	1 Std. 20 Min.	5 Std. 45 Min.
Beroldingen	864	1 Std. 50 Min.	5 Std. 15 Min.
Bauen	436	2 Std. 45 Min.	4 Std. 10 Min.
Isenthal	771	4 Std. 15 Min.	2 Std. 50 Min.
Isleten	435	5 Std. 15 Min.	1 Std. 40 Min.
Seedorf	452	6 Std. 15 Min.	45 Min.
Attinghausen	452	7 Std.	–

Die Wanderung beginnt an der *Treib* (S.116), dem nördlichsten Punkt des Kantons Uri. Bekannt und berühmt ist das alte Holzhaus an der Treib, früher Freistätte und Ort mehrerer Zusammenkünfte der Vertreter der Alten Orte. Neben der Schiffstation steht der Bahnhof der Treib-Seelisberg-Bahn (TSB), mit dem man mühelos in modernen Wagen in 8 Min. auf den Seelisberg hinauffahren kann. Unmittelbar beim Treib-Haus beginnt unser Weg zu steigen, ein knappes Stück ostwärts, dann durch dichten Wald aufwärts zum Treibport, hernach auf die Strasse. Bis zum Heimwesen Ärlig bleibt man auf der Strasse, benützt hernach die Abkürzungen und quert die Autostrasse kurz nacheinander zweimal. Oberhalb Schwanden muss die Strasse nochmals für ungefähr 70 m benützt werden. Hernach zweigt ein Fussweg rechts ab und führt den Hang hinauf bis zu den ersten Häusern von *Seelisberg* (S.116), um oberhalb des Hotels Bellevue in die Strasse einzubiegen. Auf breiter Dorfstrasse wandert man an der Kirche vorbei.

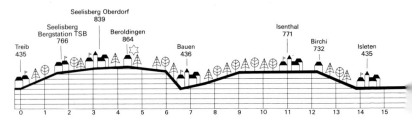

Nachdem wir herrliche Ausblicke auf den 400 m tiefer gelegenen Urnersee und in die Urner Bergwelt genossen haben, erreichen wir das Anno 1667 erbaute Heiligtum auf dem Sunnenberg, die Maria-Himmelfahrts-Kapelle mit gotischer Madonna aus dem 14. Jh.

Vorbei am ehemaligen Grandhotel Kulm-Sonnenberg – heute Residenz der Maharishi Mahesh – geht's ins *Oberdorf* mit dem uralten Chalcherlihaus rechter Hand. Beim Tanzplatz zweigt der Wanderweg links ab, führt durch den Tannwald oder auf der neuen Fahrstrasse nach *Beroldingen*. Hier lohnt es sich zu rasten, die Schönheit der Welt zu kosten und zu überlegen, ob es ganz abwegig sei, zu behaupten, Uri besitze vom See her die schönste Anfahrt der Welt. Das Schlösschen Beroldingen, erbaut in der Mitte des 16. Jh. von Ritter Josua von Beroldingen, ist kein Prunkschloss, vielmehr ein bescheidenes Landschlösschen, wohlabgemessen in seiner Proportion, fest und bieder eingefügt ins Bergland.

Unser Weg führt abwärts zu dem Heimwesen Wissig, dann immer steiler hinunter nach *Bauen* (S. 109). Neben der Schiffstation quert man den Bach, steigt diesem entlang gute 50 m aufwärts, hält sich links über Wiesen, an prächtigen Heimetli vorbei, bis der Weg ins Choltal führt. Nun nimmt uns der Wald auf, und in südlicher Richtung ansteigend gelangen wir zur Ober Cholrüti, hernach immer weiter durch den Wald zum Heimwesen Vord. Bärchi. Hier sollte man halten, um den herrlichen Blick auf die Reussebene, mit dem Kantonshauptort Altdorf, nicht zu verpassen.

Auf einem Fahrsträsschen gelangt man mühelos ins Dorf *Isenthal* (S. 112). Die jetzige Pfarrkirche St. Theodul stammt aus dem Jahre 1821. Isenthal ist ein stilles Bergdorf, das erst in den fünfziger Jahren unseres Jahrhunderts den Anschluss an die Welt fand, weil früher keine Strassenverbindung nach auswärts bestand, lediglich die Strasse hinunter nach Isleten, an den See. Isenthal ist Ausgangspunkt für viele Wanderungen und vor allem für die Bergtouren im Brisen- und Uri-Rotstock-Gebiet.

Der Weg führt uns zuerst 150 m auf der Strasse talauswärts, biegt dann rechts ab und überquert auf einer Brücke den Isitaler Bach. Durch die Heimwesen Ringli und Birchi, nun auf der Schattenseite talabwärts, beim Chäp-

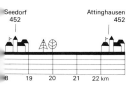

Haus an der Treib am Vierwaldstättersee; heute Wirtschaftsbetrieb. Früher galt es als Schutzhafen, Konferenzort und Sust (Route 16).

peli überschreitet man die Strasse und steigt auf steinigem Pfad abwärts nach *Isleten* (S.112). Im Wald verborgen befindet sich die Sprengstoff-Fabrik.
Um nach Seedorf zu gelangen, bleibt nichts anderes übrig, als die harte Asphaltstrasse dem See entlang zu benützen. Sie bietet, trotz der Unannehmlichkeiten des Verkehrs, reiche Abwechslung. Über Ängisort, Bolzbach, mit Kraftwerk des EWA, erreicht man bald *Seedorf* (S.116). Beim Dorfplatz südlich des Klosters verlassen wir die Autostrasse und wandern weiter Richtung Süden, um nach kurzer Zeit in *Attinghausen* (S.108) zu sein, wo bei der Reussbrücke der Wanderweg von Flüelen her mit dem unsrigen zusammentrifft und weiter Richtung Gotthard führt.

Abzweigung
Beroldingen–Weid–Laueli–Niderbauen-Chulm 2 Std. 30 Min., Route 20.

17 Seelisberg–Chänzeli–Höch Flue–Sunnwil–Stützberg–Volligen–Treib

Schöne Wanderung zu den Aussichtspunkten von Seelisberg.

Route	Höhe in m	Hinweg	Rückweg
Seelisberg	766	–	4 Std. 45 Min.
Höch Flue	1043	1 Std.	4 Std.
Ober Schwand	910	2 Std.	3 Std.
Sunnwil	771	2 Std. 45 Min.	2 Std.
Volligen	508	4 Std. 15 Min.	15 Min.
Treib	435	4 Std. 30 Min.	–

Von der *Bergstation der TSB* vorerst auf der Hauptstrasse in Richtung *Seelisberg* (S. 116) Oberdorf. Beim Hotel Löwen verlassen wir die Strasse und benützen den Waldweg zu den Häusern Frutt.
Nordwärts haltend geht es auf gutem Weg zu den Aussichtspunkten Unter und Ober Chänzeli zur *Höch Flue*, dem höchsten Punkt der Wanderung. Auf der Forststrasse erreichen wir über *Ober Schwand* immer leicht abwärts den Weiler *Sunnwil*. Hier kehrt der Weg nach Nordosten an Heimwesen vorbei, vorerst auf einem Wiesenweg und später auf dem romantischen Pfad dem Stützberg entlang bis Stäckenmatt.
Wir treffen hier auf die breite Strasse, die als Zubringer der N2 geplant war. Bis Triglis bleibt man auf dieser Strasse. Von hier über Matten und Wiesen nach *Volligen* hinunter und zur Schiffstation *Treib*.

Abzweigungen
a) Sunnwil–Sagendorf–Emmetten 30 Min.
b) Plattenzug–Fäll–Seelisberg 1 Std.
c) Scheidweg–Geissweg–Seelisberg 1 Std.

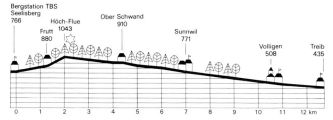

Blick vom idyllischen Rütli über den Urnersee auf Morschach und die beiden Mythen.

18 Rütli–Seelisberg (Chilendorf)

Von der einsamen Rütliwiese durch den prächtigen Wald hinauf auf die Höhe von Seelisberg.

Route	Höhe in m	Hinweg	Rückweg
Rütli ⛴	434	–	1 Std.
Seelisberg (Chilendorf) 🚌 🚶	801	1 Std. 15 Min.	–

Von der Schiffstation aus auf dem gutausgebauten Weg zum *Rütlihaus* (S. 116). Der Weg zum Chilendorf führt auf der nördlichen Seite des Rütlihauses in den Wald hinein, ist vorbildlich ausgebaut und steigt in mehreren Kehren bergan. Kurz vor Austritt aus dem Wald bei Stöck biegen wir ein in

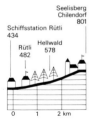

den Wanderweg, der das letzte Steilstück überwindet. Beim Waldausgang geniessen wir einen herrlichen Ausblick auf den Urnersee und das gegenüberliegende Ufer sowie auf den Talboden bei Schwyz. Bald erreicht man die Strasse nach *Seelisberg* (S. 116). Für kurze Zeit bleiben wir auf dieser Strasse und schwenken dann links in den Weg ein, der zur Bergstation der Treib Seelisberg-Bahn und ins Chilendorf führt.

19 Rütli–Seelisberg (Oberdorf)

Herrlicher Aufstieg von der Geburtsstätte der Eidgenossenschaft durch schattigen Wald nach Seelisberg.

Route	Höhe in m	Hinweg	Rückweg
Rütli ⛴	434	–	1 Std.
Seelisberg (Oberdorf) 🚋	839	1 Std. 15 Min.	–

Von der Schiffstation *Rütli* (S. 116) führt ein gepflegter Weg hinauf zum Rütlihaus und zur Rütliwiese. In aller Bescheidenheit, doch von der Natur mit Pracht umkränzt, liegt das Rütli, das Nationalheiligtum aller Eidgenossen, zu Füssen des steilen Seelisberges. Eine herrliche, heroische Landschaft lässt hier alle Register spielen. Hier war es, wo sich die Gründer der Eidgenossenschaft – die Vertreter von Uri, Schwyz und Unterwalden – berieten und den Eid des neuen Bundes schwuren. Seither gilt der Ort als nationales Heiligtum und wurde zum Ziel zahlreicher patriotischer Besuche. Seit 1859 ist das Rütli unveräusserliches Eigentum des Schweizervolkes, angekauft von der Schuljugend. Das heutige Rütlihaus ist ausgeschmückt mit kunstvollen Glasscheiben, die von den Kantonen geschenkt wurden. Es bietet dem Besucher und Wanderer gute Rastmöglichkeit, jedoch keine Übernachtungsmöglichkeit.

Unmittelbar beim Rütlihaus führt der Weg durch den schattigen Rütliwald in vielen Kehren hinauf nach *Seelisberg (Oberdorf)*.

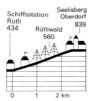

20 Seelisberg–Beroldingen–Weid–Niderbauen-Chulm

Eine lohnende, aber anspruchsvolle Wanderung zu einem der schönsten Aussichtspunkte der Voralpen.

Route	Höhe in m	Hinweg	Rückweg
Seelisberg	766	–	2 Std. 30 Min.
Beroldingen	864	1 Std.	2 Std.
Weid	1288	2 Std.	1 Std. 15 Min.
Lauweli	1524	3 Std.	30 Min.
Niderbauen-Chulm	1923	3 Std. 30 Min.	–

Von der Bergstation *Seelisberg* (S. 116) der TSB vorerst auf der Hauptstrasse in Richtung Oberdorf. Auf dieser Teilstrecke bietet sich ein herrlicher Blick aufs Rütli, den Urnersee und die umliegenden Berge. Beim Tanzplatz zweigt der Weg links ab und führt durch den Tannenwald oder auf der neuen Fahrstrasse nach Beroldingen.
Nordöstlich des Schlösschens Beroldingen biegen wir rechts ab und wandern auf steilem Pfad bergan. Durch Wiesen und Weiden erreichen wir nach einer guten Stunde das Heimwesen *Weid.*
Mit der neuen Personentransport-Seilbahn kann der Aufstieg um 1 Std. verkürzt werden.
In südwestlicher Richtung weiter bis zur obersten Alp, *Lauweli.* Der Weg zieht sich nach Norden und verliert sich dann. Durch Stein und Geröll halten wir in nordwestlicher Richtung aufwärts, bis wir wieder auf den Weg stossen, der nun steil zu einem Felsenloch führt, durch das wir über eine Leiter hinaufsteigen.
Sehr steil erklimmt der Pfad im Zickzack den Sattel zwischen Niderbauen-Chulm und Hunds-Chopf. Über dem Grasrücken geht es auf den Gipfel des *Niderbauen-Chulm.* Für die Mühe ist man reichlich belohnt, denn die Sicht nach Norden und Süden ist überwältigend. Solange noch Schnee im oberen

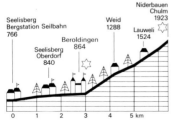

Teil des Aufstiegs liegt, ist es nicht ratsam, den Berg zu besteigen. Völlig gefahrlos gelangt man von Emmetten aus auf den Gipfel (Auffahrt mit Seilbahn bis Niderbauen-Station möglich).

Abstiege
a) Niderbauen-Chulm–Tritt–Bergstation (Niderbauen) 🚠 1 Std.
b) Niderbauen-Chulm–Tritt–Frutt–Sagendorf–Emmetten 🚠 🚌 2 Std. 50 Min.
c) Niderbauen-Chulm–Tritt–Stäckenmatt–Grund–Choltal–Emmetten 🚠 🚌 3 Std. 20 Min.

21 Sisikon–Riemenstalden–Muotathal

Wenig begangener Übergang vom Urnersee durch ein wildromantisches Tal hinüber ins Muotatal (= Tal; Muotathal = Ortschaft).

Route	Höhe in m	Hinweg	Rückweg
Sisikon 🚂 ⛴ 🚌	446	–	6 Std.
Riemenstalden 🚌	1030	2 Std.	4 Std. 30 Min.
Höchi (Goldplangg)	1487	4 Std.	3 Std. 15 Min.
Muotathal 🚌	610	6 Std.	–

Ein Fahrsträsschen führt von *Sisikon* (S. 118) nach Riemenstalden. Die weitausholenden ersten Kehren dieses Strässchens lassen sich mittels eines Fussweges abkürzen. Entweder folgt man zuerst dem Riemenstaldner Bach auf seinem linken Ufer ungefähr 400 m taleinwärts, überschreitet ihn dann und steigt im Zickzack am nördlichen Talhang über Büelacher zur Strasse empor, oder man wählt den schattigen Fussweg, der auf der linken Bachseite durch Wald zur Brücke bei Pt. 812 führt. Nach links blickend, erspäht man über dem Bachtobel, unter Bäumen versteckt, die Kapelle zu Chäm-

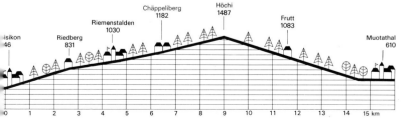

lezen. Von hier bis ins Dorf *Riemenstalden* bleibt man auf der Talstrasse. Das im Winter oft lawinengefährdete Dorf, übrigens die kleinste Gemeinde des Kantons Schwyz, durchwandern wir und erreichen den Chäppeliberg, wo eine Kapelle zu Ehren St. Johannes des Täufers steht, und die Talstation der Luftseilbahn Lidernenhütte. Wir benützen, leicht ansteigend, den Pfad, der uns zur *Höchi,* dem eigentlichen Passübergang, führt. Auf stets leicht abfallendem Weg gelangt der Wanderer von hier aus mühelos ins Tal der Muota. Unbedingt sehenswert sind die Kirche und das Kloster der Franziskanerinnen im Dorf *Muotathal.*

22 Flüelen–Ober Axen– Tellen (Tellsplatte)–Sisikon

Genussreiche Wanderung hoch über dem Urnersee, mit grossartigem Ausblick ins untere Reusstal und auf die Urner Alpen, nicht anstrengend, geologisch und geografisch sehr aufschlussreich.

Route	Höhe in m	Hinweg	Rückweg
Flüelen 🚂 ⛴ 🚌	435	–	4 Std.
Ober Axen	1008	2 Std. 30 Min.	2 Std. 30 Min.
Tellen (Tellsplatte) ⛴ 🚡	508	4 Std.	1 Std.
Sisikon 🚂 ⛴	446	5 Std.	–

Wir wandern vom Bahnhof *Flüelen* (S. 110) längs des Sees Richtung Nord bis zum Gruonbach, überqueren hier die Axenstrasse und wandern auf der südlichen Dammkrone des Gruonbachkanals resp. auf dem breiten Waldweg rechts davon zum Holzplatz. Von hier weiter dem Bach entlang, über denselben und durch den schattigen Wald zu den obersten Häusern im Gibel. Ein herrlicher Tiefblick auf die Axenstrasse und den Urnersee sowie hinüber ins Gebiet des Isentals lohnt die Mühen des Aufstieges. Auf gutem

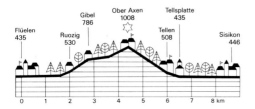

Weg erreicht man das Lauwital, einen tiefen Kessel, durch den im Winter die Lawinen donnern. Kurz vor dem Waldende, bei der Balzenrütti, verzweigen sich die Wege. Beide Wege führen auf den *Ober Axen*. Im Vorsommer, wenn der Lawinenschnee zu schmelzen beginnt, ist es ratsam, den unteren Weg bis zum Bergrestaurant auf dem Ober Axen zu benützen.

Wir stehen hier auf dem höchsten Punkt der Wanderung. Bei guter Witterung lohnt es sich, hier einen längeren Halt einzuschalten. Vor uns liegt das Reusstal, offen bis Silenen, und die Pyramide des Bristen steht gleichsam als Wächter vor dem Eingang ins eigentliche Bergtal der Reuss. Der Gitschen und der Uri-Rotstock schliessen den Horizont gegen Westen ab; talauswärts bildet die Rigi den Talabschluss, während direkt hinter uns, ostwärts, der Rophaien steil zum Himmel steigt.

Die vielen Hochspannungsleitungen, welche hier vorbeiführen, sind heute im Zeitalter der Technik nicht wegzudenken, weil sie den aus den Bergwassern gewonnenen Strom ins Mittelland zu den Verbraucherzentren bringen. Durch offene Weide und Wald steigen wir zum Unt. Axen und von hier auf die Axenstrasse hinab, queren diese und wandern hinunter zur *Tellsplatte* (S. 118). Auf dem neuerstellten «Bundesrat-Hans-Hürlimann-Weg» erreichen wir kurz vor *Sisikon* (S. 118) die Axenstrasse und sind bis zum Dorf auf das Trottoir angewiesen.

▶ **Vom Hang oberhalb Sisikon blicken wir auf den Urnersee und den Urirotstock (Route 23).**

23 Isenthal–Musenalp–Sassigrat–Biwald–Isenthal

Eine alpine Wanderung auf ausgesprochenem Bergweg vom Chli- ins Grosstal.

Route	Höhe in m	Hinweg	Rückweg
Isenthal 🚌	771	–	6 Std.
Musenalp	1486	2 Std.	4 Std. 30 Min.
Sassigrat	1868	2 Std. 45 Min.	4 Std.
Biwald	1694	3 Std. 15 Min.	3 Std. 15 Min.
St. Jakob 🚌	990	4 Std. 30 Min.	1 Std.
Isenthal 🚌	771	5 Std. 15 Min	–

Die Wanderung beginnt bei der Post *Isenthal* (S. 112). Wir wandern zuerst einige Schritte abwärts, schwenken beim Friedhof nach rechts und überschreiten den Isitaler Bach. Das Strässchen, das nun leider einen Hartbelag aufweist, führt nun aufwärts ins Chlital. Auf der Anhöhe über dem Dorf passieren wir die Brücke des Talbaches. Durch Wald und Bergwiesen wandern wir taleinwärts, während die Felsen des Uri-Rotstock-Massivs fast bedrohlich nahe rücken. Hinter Hundwald geht man rechter Hand vom Talsträsschen ab und benützt den Hüttenweg zur *Musenalp*. Das heimelige Berggasthaus ladet zum Verweilen ein.

Während der Weg zum Uri-Rotstock links abzweigt, schlagen wir den Weg zwischen Haus und Stall ein, der sich aber bald in der Alpwiese verliert. Wir halten dem tiefsten Punkt des *Sassigrates* zu. Auf einer steilen Grashalde wird der Weg nun wieder sichtbar, und in kurzer Zeit ist der Grat erreicht. Vom Sassigrat geniessen wir die Aussicht hinunter in die beiden Täler und die umliegenden Berge.

Den Abstieg können wir nicht verfehlen, denn das Berggasthaus *Biwald* (Stäfeli) liegt fortwährend in unserem Blickfeld. Beim Berggasthaus Biwald, das freundlich zur Rast einlädt, mündet unsere Route in den Weg ein,

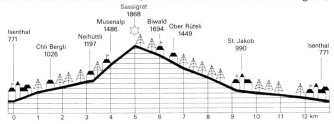

der vom Grosstal hinauf zum Uri-Rotstock führt. Nun geht es hinunter, meist durch dem Wald, bis in den Talgrund, dann auf dem Talsträsschen hinaus nach *St. Jakob*. Die naheliegende Kapelle wurde Anno 1871 eingeweiht. Auf der Strasse leicht abwärts schreitend, erreichen wir wieder das Dorf *Isenthal,* nicht ohne bei der Säge einen Blick auf die Tatzen des letzten in Uri erlegten Bären (1820) geworfen zu haben.

Abzweigungen
a) Chli Bergli–Gietisflue –Wang 🚠 30 Min.
b) Musenalp–Uri-Rotstock 3 Std. 30 Min.
c) Biwald–Breit Planggen–Uri-Rotstock 4 Std.

24 Isenthal–St. Jakob– Sulztaler Hütte– Sinsgäuer Schonegg

Interessante Talwanderung und Aufstieg zum Übergang ins Sinsgäu.

Route	Höhe in m	Hinweg	Rückweg
Isenthal 🚌	771	–	3 Std.
St. Jakob 🚌	990	1 Std.	2 Std. 15 Min.
Sulztaler Hütte	1600	3 Std.	45 Min.
Sinsgäuer Schonegg	1924	4 Std.	–

Von der Post *Isenthal* (S. 112) an schmucken Häusern vorbei taleinwärts, immer dem Isitaler Bach entlang bis nach *St. Jakob*. Hier verlassen wir den Talgrund und benützen eine Zufahrtsstrasse, die uns unmittelbar an der Kapelle vorbei den Hang hinaufführt. Auf gutem Weg wandern wir durch den Wald bis unterhalb Wasenegg und erreichen nach dem Waldaustritt die Alpweiden unterhalb Gitschenen (1533 m), das von St. Jakob her durch

Bergkristallgruppe aus den Urner Bergen.

eine Luftseilbahn erschlossen wurde. Bei der Abzweigung bleiben wir auf dem unteren Weg, der fast eben unter der Luftseilbahn hindurch zu den Häusern von Horlachen führt. Kurz nach Horlachen queren wir den Bach und wandern durch lichten Wald aufwärts. Wieder auf dem offenen Weideland geht es auf dem Weg zur *Sulztaler Hütte*. Wir halten rechts die Alpweiden hinauf, die im untersten Teil sumpfig sind.
Nach Überwinden einer Anhöhe kommt man zum Schonegggaden und steht vor dem Talabschluss. Ein kurzes Stück hinter dem Stall queren wir den Graben nach links, wenden uns die steile Grashalde hinauf auf dem nun wieder gut sichtbaren Weg zum Pass. Bereits stehen wir auf dem *Sinsgäuer Schonegg* und somit auf Nidwaldner Hoheitsgebiet. Der Abstieg nach Oberrickenbach führt über Rinderstafel, Flüelenboden, Ober Spis.

Abstiege
a) Sinsgäuer Schonegg–Oberrickenbach 🚶 2 Std. 15 Min.
b) Sinsgäuer Schonegg–Chrüzhütte–Bannalp 🚶 2 Std.

25 Gitschenen–Steinalper Jochli–Brisenhaus

Herrliche Bergwanderung im Brisengebiet.

Route	Höhe in m	Hinweg	Rückweg
Gitschenen	1530	–	2 Std. 30 Min.
Steinalper Jochli	2157	2 Std.	1 Std. 30 Min.
Schuenegg	2170	2 Std. 15 Min.	1 Std. 15 Min.
Brisenhaus SAC	1753	3 Std.	–

Ausgangspunkt dieser Wanderung ist die Bergstation der Luftseilbahn St. Jakob–*Gitschenen*. Auf gutem Weg bis zum Heimwesen Chneuwis, hier links ab auf die hinter dem Hügel gelegene Alp Gitschenen und weiter auf dem Strässchen zur Alp Geissboden. Hinter der Alp queren wir den Bach und folgen den Markierungen durch das schmale Tal zwischen Ober Pfaffen und Steinplanggen aufwärts. Oben im Talabschluss wechselt man auf die linke Seite und steigt die Grashalde empor zum Wild Alpeli. Hier trennen sich die Wege, man kann aber beide benützen, um zum *Steinalper Jochli* zu gelangen. Der direkte Weg zum Jochli ist nur berggewohnten Wanderern zu empfehlen, da sich die dünne Erdschicht im steilen Hang ständig löst und ein Fehltritt eine unliebsame Rutschpartie in die Geröllhalde zur Folge hätte. Der andere Weg steigt zum Grat an, wo er mit der Brisenroute zusammentrifft und gegen rechts zum Steinalper Jochli führt.

Vom Steinalper Jochli erreicht man auf gut bezeichnetem Weg über ein Felsband die *Schuenegg*. Wer diesen Weg umgehen will (Trittsicherheit), kann auf der anderen Seite des Höhenzuges weniger riskant das Brisenhaus erreichen. Der Abstieg zum *Brisenhaus* kann nicht verfehlt werden, da das Haus stets in unserem Blickfeld liegt.

Abzweigung
Steinalper Jochli–Brisen (2404 m) 1 Std.

26 Gitschenen–Hinter Jochli– (Schwalmis)–Klewenalp

Sehr schöne, lohnende Wanderung im Gebiet des Schwalmis.

Route	Höhe in m	Hinweg	Rückweg
Gitschenen 🚠	1530		3 Std. 15 Min.
Hinter Jochli	2105	2 Std.	2 Std.
Klewenalp 🚠	1593	4 Std.	–

Ausgangspunkt der Wanderung ist die ganzjährig bewohnte Siedlung *Gitschenen*. Von der Bergstation der Luftseilbahn St. Jakob–Gitschenen führt der Weg an einem kleinen Weiher vorbei zum Heimwesen Chneuwis. Vorerst sanft ansteigend, später eine Steilstufe überwindend, erreicht man die Alpen Unter Bolgen und Ober Bolgen (1823 m).
Man steigt nun auf die Höhe von Pt. 1967, «Bi den Seelenen». Gegen Westen sieht man bereits den tiefen Einschnitt des Berggrates, das *Hinter Jochli*, auf das wir zuerst durch Weidland, dann durch Geröllhalden zustreben. Von Hinter Jochli gelangen wir auf gut markiertem Weg über Stafel, und Tannibüel zur *Klewenalp*.

Wer den *Schwalmis* besteigen möchte, schwenkt bei Pt. 2045 rechts ab und erreicht nordwärts den Hang hinauf vorerst Schwalmisgaden und in kurzem Aufstieg den Schwalmisgipfel, mit einer schönen Aussicht aufs Mittelland und auf die Berge der Zentralschweiz, 50 Min.

Abzweigungen
a) Gitschenen–Chlariden–Sulztalerhütten 45 Min.
b) Chneuwis–Laueli–Seldeli–St. Jakob 🚌 🚠 1 Std. 15 Min.
c) Bi den Seelenen–Vord.Jochli–Choltal–Emmetten 🚌 3 Std. 30 Min.
d) Pt. 2045–Schwalmis 50 Min.
e) Hinter Jochli–Risetenstock (2290 m) 30 Min.

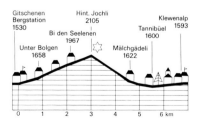

27 Isenthal–St. Jakob–Bannalper Schonegg–Chrüzhütte

Schöne Passwanderung vom Isental ins Bannalpgebiet in Nidwalden.

Route	Höhe in m	Hinweg	Rückweg
Isenthal	771	–	5 Std. 45 Min.
St. Jakob	990	1 Std.	3 Std. 45 Min.
Ober Rüti	1423	3 Std.	3 Std. 15 Min.
Bannalper Schonegg	2250	6 Std.	2 Std.
Chrüzhütte	1713	7 Std.	–

Vom Dorf *Isenthal* (S. 112) wandern wir auf der geschotterten Fahrstrasse bis St. Jakob. Bei der Talstation der Luftseilbahn *St. Jakob*–Gitschenen folgen wir der Strasse, die tiefer ins Grosstal führt, und erreichen über Alt Rüti und *Ober Rüti* die Gossalp, die in einem imposanten Talkessel liegt, im Osten überragt von der Pyramide des Uri-Rotstocks. Auf einem Viehfahrweg steigen wir weiter über Schluecht zur Hinteralp. Bei den Alphütten quert man den flachen Boden in nördlicher Richtung gegen den Oberalper Grat. Nun auf dem ziemlich steilen Grashang hinauf, bis man auf den kleinen Pfad tritt, der von Ost nach West in Richtung Bannalper Pass verläuft. Auf dem obersten Boden vor dem Übergang verliert sich der Weg wieder. Von hier aus ist man nach einem kurzen, steilen Anstieg auf dem Pass, *Bannalper Schonegg* genannt. Auf der Nidwaldner Seite findet sich der Weg leichter, weil ein vielbegangener Pfad über den Pass zum Chaiserstuel (2400 m) führt. Am Hang rechts des Bannalper Baches erreichen wir über Büelenboden und Räckholteren (1885 m) die *Chrüzhütte* auf Bannalp.

Abzweigung
St. Jakob–Rüti–Witental–Biwald 2 Std. 15 Min.

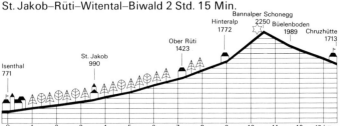

28 Gitschenberg–Honegg–Gitschital–Brüsti

Die Seilbahn Seedorf–Gitschenberg bringt uns zum Ausgangspunkt dieser Wanderung.

Route	Höhe in m	Hinweg	Rückweg
Gitschenberg 🚡	1369	–	4 Std. 15 Min.
Honegg	1421	30 Min.	3 Std. 45 Min.
Gitschital	1295	2 Std.	2 Std. 15 Min.
Chli Laucheren	1820	3 Std. 15 Min.	1 Std. 15 Min.
Brüsti 🚡	1525	4 Std. 15 Min.	–

Von der Bergstation der Seilbahn führt der Weg über die Lawinenrunsen zur Alp *Honegg*. Ab hier wandern wir auf dem von vielen Freiwilligen erstellten, d.h. verbesserten Bergweg zu den Weiden *«Gitschitaler Boden»*. Ganz hinten im Tal überschreiten wir den Bach, der hier noch ganz harmlos erscheint, unten im Tal jedoch schon des öfteren ein bedrohlicher Geselle war. Nicht umsonst wurde dieser Bergbach in der Schlucht bereits im 19. Jh. stark verbaut. Bei der Alphütte (während der Alpzeit bewirtschaftet) vorbei steigen wir auf der Ostseite des Tales gegen Schipfenegg und Distleren und wandern von da über weglose, jedoch markierte Alpweiden nach *Chli Laucheren*.

Ein herrlicher Anblick in die Urner Berge, vor allem auch auf die Steilwände des gegenüberliegenden Gitschen wie auf die ganze Gebirgskette vom Chlariden bis zum Bristestock lohnt die Mühe des Aufstiegs. Nur ein kurzes Stück trennt uns noch vom Weg, der vom Brüsti über den Surenenpass führt. Über Chraienhöreli und Rüteli erreichen wir auf gutem Weg durch lichten Bergwald die Bergstation der Luftseilbahn Attinghausen–*Brüsti*. Es ist besonders zu beachten, dass die Wanderung durch das Pflanzenschutzgebiet führt.

29 Attinghausen–Surenenpass–Engelberg

Eine vielbegangene, eindrückliche Wanderung vom Reusstal ins Tal der Engelberger Aa.

Route	Höhe in m	Hinweg	Rückweg
Attinghausen	452	–	9 Std.
Höchiberg	1429	2 Std. 30 Min.	7 Std. 15 Min.
Brüsti	1525	3 Std.	7 Std.
Nussfruttli	1953	4 Std. 45 Min.	6 Std.
Surenenpass	2291	6 Std.	5 Std. 15 Min.
Engelberg	1017	10 Std.	–

Von der Reussbrücke *Attinghausen* (S. 108) folgt man der breiten Dorfstrasse bis auf die Höhe der Burgruine und zur Talstation der Luftseilbahn Attinghausen–Brüsti. Wer sich den steilen Aufstieg zum Brüsti ersparen will, fährt mit der Luftseilbahn hinauf. Diejenigen, welche es vorziehen, zu Fuss zu wandern, gelangen in der Nähe der Kapelle St. Onophrius (erbaut Anno 1723) auf den mit Steinen gepflasterten Passweg, der in steilen Kehren durch den Bergwald zum *Höchiberg* führt. Ein Wegweiser weist hier auf den alten Passweg über Waldnacht oder nach rechts auf den Weg, auf dem wir nach kurzem Aufstieg zur Bergstation der Luftseilbahn Attinghausen–*Brüsti* gelangen. Jetzt befinden wir und mitten im Pflanzenschutzgebiet. In westlicher Richtung steigen wir nun durch lichten Bergwald auf gut gesichertem Pfad über Chräienhöreli, Geissrüggen, am Angistock vorbei zu Pt. 2004. Eine sehr lohnende Aussicht bietet diese Gratwanderung, einerseits über den Urnersee gegen Brunnen, andererseits zum gewaltigen Wandmassiv der Gross Windgällen sowie zum firngepanzerten Oberalpstock. Als Talabschluss zeigt sich die ebenförmige Pyramide des Bristen. Auf dem weiteren Aufstiegsweg zum *Surenenpass* liegt meist bis tief in den Sommer hinein Schnee.

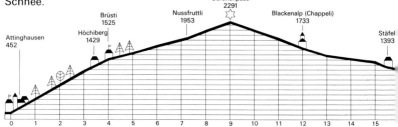

Von ferne grüsst der Titlis mit seinem schneebedeckten Haupt. Die schroffen, steilen Felswände des Brunni- und Blakkenstockes hinter uns lassend, wandern wir auf gutem Alpweg talwärts nach Blacken, links an der Kapelle vorbei, dem jungen Stieren-Bach entlang weiter talauswärts. Bald erblickt man rechter Hand auf einer grossen Terrasse die Alp Äbnet, wo Urner Sennen während des Sommers einige hundert Stück Grossvieh sömmern. Bei Pt. 1630 (Stäuber) überqueren wir den wilden Bergbach und steigen über Pt. 1408 und Stäfeli weiter ins Tal hinab. Nach kurzem Wegstück erreichen wir das nahe der Kantonsgrenze gelegene Bergrestaurant Alpenrösli. Von hier zieht sich der Weg leicht abwärts zur Herrenrüti, dann über den flachen Talboden, immer rechts der Engelberger Aa nach *Engelberg,* dem Endziel der Passwanderung. Wer über genügend Zeit verfügt, lasse es sich nicht nehmen, der sehenswerten Benediktinerabtei, gegründet Anno 1120 durch den Edlen Konrad von Sellenbüren, einen Besuch abzustatten und die barocke Stiftskirche zu besichtigen.

Abzweigungen
a) Chli Laucheren–Seewli–Heretswis–Attinghausen 🚎 🚠 2 Std. 15 Min.
b) Stäuber–Usser Äbnet–Fürenalp 🚠 1 Std. 30 Min.
c) Stäfeli–Spannorthütte SAC 2 Std.

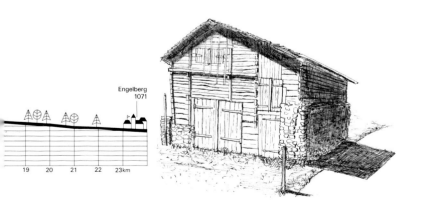

30 Erstfeld–Hofstetten–Bocki–Bachhüttli–Surenenpass

Schöne Wanderung vom Talboden durch Wald und Weiden hinauf zum Surenenpass.

Route	Höhe in m	Hinweg	Rückweg
Erstfeld 🚂 🚌	472	–	4 Std. 30 Min.
Hofstetten	481	30 Min.	4 Std.
Scheidweg	1051	2 Std.	3 Std.
Bachhüttli (Waldnacht)	1420	3 Std.	2 Std. 15 Min.
Eifrutt	1781	4 Std. 30 Min.	1 Std.
Surenenpass	2291	5 Std. 45 Min.	–

Vom Bahnhof *Erstfeld* (S.110) gehen wir zunächst einige Schritte auf der Hauptstrasse nordwärts, biegen nach links ab durch die SBB-Unterführung und gelangen nach wenigen Minuten zur Reuss, die wir überqueren. An der Erstfelder Kirche vorbei wandern wir dem Lauf der Reuss folgend abwärts. Nach ungefähr 1 km erreicht man *Hofstetten*. Hier beginnt der Surenenweg. Der meist durch Wald führende Weg mündet nach 20 m in die neuerstellte Strasse ein, die zu den Gütern im Bocki führt. Wir benützen sie ein kurzes Stück und schwenken dann wieder in den Surenenweg ein, der gleichmässig ansteigend sich immer weiter vom Talboden entfernt. Man kommt hernach nochmals auf das Strässchen, um längere Zeit darauf zu wandern. Bei der Wasserfassung verlassen wir es endgültig und steigen steil zu den obersten Heimwesen im Bocki hinauf. Wieder im Wald, erreicht man bald den *Scheidweg*. Immer aufwärts steigend, zur Rechten das enge Tobel des Bockibachs, überwindet man die letzte Steilstufe, dann geht es am gestauten Bach und am *Bachhüttli* vorbei in die Alp *Waldnacht* hinein. Wir durchwandern sie, erfreuen uns an den herrlichen Alpenblumen, die hier in ungezählten Arten blühen, und staunen ob der fast topfebenen Hochfläche hier oben. Zuhinterst teilt sich das Tal.

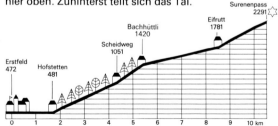

Bildstöckli mit dem hl. Anton (Sankt Anton) aus dem 19. Jh. am Eingang ins Leutschachtal (Route 52).

Links liegt das Guggital, wo Skifahrer bis tief in den Sommer hinein ihrem Sport frönen können; wir aber halten rechts und wandern kehrweise zur *Eifrutt* hinauf. Zwischen Angistock und Eggenmandli weiter ansteigend erreicht man Pt. 2004, am «Langen Schnee» genannt. Hier vereint sich unsere Route mit jener von Brüsti her und führt uns auf den *Surenenpass*.

Abstieg
Scheidweg–Oberwiler–Schopfen–Erstfeld 🚋 🚌 2 Std. 30 Min.

Schächental

31 Flüelen–Altdorf–Bürglen–Spiringen–Unterschächen–Klausenpass–Urnerboden

Anspruchsvolle Tageswanderung auf historischer Linienführung über den Klausenpass.

Route	Höhe in m	Hinweg	Rückweg
Flüelen	435	–	8 Std.
Altdorf	458	45 Min.	7 Std. 15 Min.
Bürglen	559	1 Std. 15 Min.	6 Std. 45 Min.
Spiringen	923	2 Std. 45 Min.	5 Std. 30 Min.
Unterschächen	995	4 Std.	4 Std.
Klausenpass	1948	7 Std.	1 Std. 45 Min.
Urnerboden	1372	8 Std. 15 Min.	–

Von *Flüelen* (S. 110) auf der Kantonsstrasse mit beidseitigem Trottoir führt im wesentlichen auf dem Trassee der alten Dorfverbindungsstrasse nach *Altdorf* (S. 108). Der Wanderer, der abseits vom Durchgangsverkehr wandern möchte, kann bei der Talstation der Seilbahn Altdorf–Eggbergen den Wanderweg, entlang dem Waldrand bis zum Vogelsang und in den unteren Teil von Altdorf, benützen.

Beim Telldenkmal in Altdorf zweigt laut Benennung aus dem 16. Jh. die Schächentalergasse ab. Mit dem Bau der Klausenstrasse wurde die Schächentalergasse allmählich in Schützengasse resp. Hellgasse umgetauft, und über diese erreichen wir bei Hartolfingen unterhalb von *Bürglen* (S. 109) wieder die Kantonsstrasse.

Nach der Schächenbrücke benützen wir noch ca. 100 m die Hauptstrasse, steigen leicht aufwärts zur St.-Anton-Kapelle und auf dem gepflästerten Kirchweg an der 1582 gestifteten Tellskapelle vorbei zum Kirchplatz. Der Wanderweg führt uns zwischen Pfarrhof und dem Tellmuseum (früher

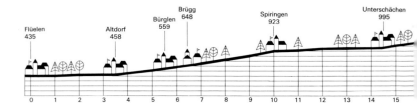

Meierturm) auf die Klausenstrasse. Diese benützen wir mit einer kleinen Ausnahme bei St. Sebastian bis Loreto resp. Brügg. Es besteht die Möglichkeit, dieses Teilstück bis Loreto abseits vom Verkehr über die Gosmergasse/ Riedertalgasse zu umgehen, indem man beim Kirchplatz rechts abzweigt. Die gleiche Situation ergibt sich bei Brügg. Wer nicht auf der Klausenstrasse bleiben will, hat die Möglichkeit, über Sigmanig auf teils historischem Weg nach dem Weiler Trudelingen zu gelangen. Jetzt bleibt uns bis Witor schwanden nur noch die verkehrsreiche Kantonsstrasse.

Die Witerschwandergasse, deren Bedeutung mit dem Bau der Klausenstrasse endgültig schwand, hat den Wert als Wanderweg weiterhin behalten und führt uns an der Wegkapelle vorbei ins Dorf *Spiringen* (S. 114).

Man darf vermuten, dass die heutige Strasse Spiringen–Unterschächen mit jenem Weg identisch ist, der spätestens im 16. Jh. als Landstrasse bezeichnet wurde. Dass mit der Bezeichnung «Landstrasse» tatsächlich die Verbindung Spiringen–Unterschächen–Balm–Klausen gemeint ist, verdeutlicht der «Steuer-Rodel des Kilchgangs im ganzen Schächenthall» von 1647. Der Wanderer hat für dieses Teilstück keine grosse Auswahl. Als Verbindungsweg bleibt nur die sich im Ausbau befindende Klausenstrasse nach *Unterschächen* (S. 114). Am Ausgang des Dorfes weist uns der Wegweiser über Ribi–Schwanden zur Alp Äsch und weiter im Zickzack die steile Balmwand hinauf. Über die Alp Niemerstafel gelangt man auf den *Klausenpass* (S. 114), vorbei an der 1938 konsekrierten Kapelle, die anstelle des alten, niedrigen Gebäudes, vom Volk allgemein «Klausenchappeli» genannt, errichtet wurde.

Der Saumpfad resp. die alte Landstrasse auf den Klausenpass, die uns heute als Wanderweg dient, ist zeitlich nicht genau zu bestimmen. Was das «Leu'sche Lexikon» von 1795 vermeldet, gilt grundsätzlich heute noch: «Unter Balm», ein trotziger Berg im Kanton Uri, auf der sich eine Alp mit gleichem Namen befindet. Darüber führt ein mühsamer Weg gegen die Alp März.

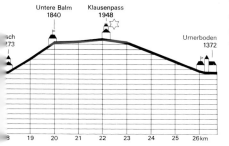

Von der Klausenpasshöhe benützt der Wanderer grossenteils den markierten alten Klausenweg, dessen letztes Teilstück mit der heutigen Fahrstrasse identisch ist, und erreicht die heute ganzjährig bewohnte Siedlung *Urnerboden* (S. 114).

32 Flüelen–Eggbergen–Heidmanegg–Klausenpass

Klassische, einzigartige Höhenwanderung auf sonniger Terrasse, hoch über dem Schächental, mit herrlicher Aussicht auf die Hochalpen.

Route	Höhe in m	Hinweg	Rückweg
Flüelen	435	–	9 Std.
Eggbergen	1445	3 Std. 15 Min.	6 Std. 45 Min.
Gr. Flesch	1812	4 Std. 30 Min.	5 Std. 45 Min.
Pt. 1720	1720	6 Std.	4 Std.
Untere Gisleralp	1685	6 Std. 45 Min.	3 Std. 30 Min.
Obflüe (Rietlig)	1701	7 Std. 30 Min.	2 Std. 45 Min.
Mettenen	1750	8 Std. 30 Min.	1 Std. 45 Min.
Heidmanegg	1862	9 Std. 15 Min.	1 Std. 15 Min.
Untere Balm	1764	10 Std.	30 Min.
Klausenpass	1948	10 Std. 45 Min	–

Von der SBB- oder Schiffstation *Flüelen* (S. 110) wandert man nordwärts, auf gutem Strässchen dem Quai entlang bis zum Gruonbach, überquert die Axenstrasse und steigt auf der Südseite des Bachdammes auf ordentlich breitem Waldweg bergan. Bei der Weggabelung beim Schluchteingang, die auch vom neuen Schulhaus her erreicht werden kann, wird der nach Süden ansteigende Waldweg benutzt, der in weiten Kehren bergauf führt. Bei Pt. 1064, Ober Schattig, zweigt man rechts vom Waldweg ab und steigt vorerst immer noch durch den Wald, hernach über Weidland auf die Höhe der Seilbahnstation *Eggbergen* (Gasthaus). Eggbergen, eine nach Südwesten geneigte Sonnenterrasse über Altdorf, ist ein herrliches Ferien- und Wandergebiet.

Die bequeme Route führt nun teils als Strässchen, teils als Weg über Angelingen, den sich ostwärts gegen Hüenderegg hinaufziehenden Höhenrükken nordseits umgehend, in der obern Hälfte durch Wald zum *Gr. Flesch*

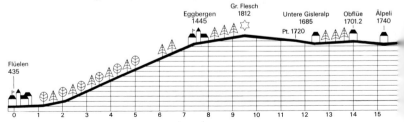

hinauf. Dieser idyllische, kleine Bergsee kann auch erreicht werden, wenn man etwas vor Angelingen auf anfänglich ziemlich steilem Weg direkt über die westliche Rundung des erwähnten Geländerückens zum Alpkreuz emporsteigt. Von hier leiten Wegspuren durch lichten Bergwald, durch stellenweise sumpfiges Gelände, ostwärts dem Aussichtspunkt Hüenderegg zu. Das Panorama, das sich hier besonders gegen Osten öffnet, rechtfertigt eine Verschnaufpause, bevor man auf gutem Gratweg weiterwandert.
Von dem nur wenige Meter südlich ob dem Seeli gelegenen Sattel aus wird auf markiertem Weg die sumpfige Mulde von Selez durchquert. Weiter über Ruegig, Alafund erreicht man *Pt. 1720,* von wo der wichtige Wegknotenpunkt Vorder Wissenboden (Wegweiser) angestrebt wird. Ab hier bis zur Seilbahn Biel 10 Min. Bei Vorder Wissenboden wird der Pfad benützt, der nordwärts zum Bächlein leicht abfällt und von diesem zur *Unter Gisleralp* leitet. Es folgt ein neues, längeres, fast horizontales Wegstück, welches sich erst in Obflüe, bei der Abzweigung des steil aufwärts führenden Chinzig-Chulm-Weges, zur aufgelockerten Siedlung *Rietlig* senkt. Eine Hütte des Touristenvereins Naturfreunde bietet Unterkunft. Südöstlich davon, etwas tiefer liegend (1511 m), befindet sich die Bergstation der Luftseilbahn Spiringen–Razi. Unsere Route zieht sich aber, unbedeutend an Höhe einbüssend, vorerst ca. 1 km auf der asphaltierten Strasse, dann auf dem neuerstellten Höhenweg über Älpeli, ob den Hegen, *Mettenen* in leichtem Auf und Ab zur Alp *Heidmanegg*. Hier lohnt es sich zu rasten. Wer keine Eile hat, setze sich auf die massive Mauer unterhalb der Hütten. Ein Blick ost-südostwärts auf die eingepanzerten Riesen Gemsfairenstock, Clariden, Chammliberg und Gross Schärhorn ist einzigartig. Weiter westwärts erkennt man die zu einem gewaltigen Wandmassiv vereinigten Berge Gross Ruchen, Gwasmet, Hölenstock und Gross Windgällen, die zugleich die Wasserscheide gegen das Maderanertal bilden. Tief unten zieht sich in nord-südlicher Richtung das romantische Brunnital mit seinen Wäldern und zahlreichen Höhlen von Unterschächen bis an den Fuss des Gross Ruchen. Südwestwärts erkennt man die Kalkberge des Hoch Fulen, Gross Spitzen, Blinzi und Sittlisor. Weit hinten, bereits westlich der Reuss, stehen Chli und Gross

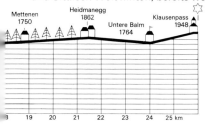

Spannort, Krönten, Schlossberg, Titlis, Brunnistock, Gitschen, Uri-Rotstock, und noch weiter nordwestlich lassen sich die Isentaler Voralpengipfel erkennen, nämlich Chaiserstuel, Brisen und Schwalmis.
Von der Alp Heidmanegg führt uns ein neuerstellter Alpweg über Chäseren zur Klausenstrasssse bei *Unter Balm.*
Wir wandern auf der Klausenstrasse bis Pt. 1764, um von hier aus, parallel zur Strasse, auf schmalem Wanderpfad den *Klausenpass* (S. 114) zu erreichen.
Sicher wird die Umwandlung dieses herrlichen Höhenweges in eine Strasse manchen Wanderer erstaunen. Ebenfalls nachdenklich stimmen ihn die Teilstücke, die asphaltiert sind. Doch nahe beieinander liegen auch im Schächental Natur und Technik, Gegensätze, die des einen Freud, aber des anderen Leid sind.
Die Klausenstrasse wurde in den Jahren 1892–1899 gebaut. Dem jetzigen Strassenverkehr ist sie nicht mehr voll gewachsen, so dass sie jetzt etappenweise ausgebaut und verbreitert wird. Auf der Klausenstrasse verkehren in den Sommermonaten die Postautokurse der PTT von Flüelen nach Linthal. Sie gilt allgemein als eine lohnende Strasse, und der sehr intensive Sommerverkehr beweist, dass der Klausenpass landschaftlich zu den schönsten, abwechslungsreichsten Alpenpässen gezählt werden darf.
Alle Alpen und Weiden, die auf der Wanderung durchschritten werden, mit ganz wenigen Ausnahmen in der Gegend Mättental, gehören der Korporation Uri, nicht etwa Privaten oder dem Staat. Die Korporation Uri hat sich im Laufe der Jahrhunderte gebildet und umfasst alle Gemeinden nördlich der Schöllenen. Nutzungsberechtigt auf den Alpen und in den Wäldern sind alle Korporationsbürger. Die Alpgebäude stehen auf Baurecht, Grund und Boden gehören der Korporation Uri.

Abzweigungen
a) Eggbergen–Waldenen–Bürglen ▄▄▄ 2 Std. 15 Min.
b) Biel–Trudelingen ▄▄▄ ⛴ 1 Std. 30 Min.
c) Rietlig–Spiringen ▄▄▄ ⛴ 1 Std. 15 Min.
d) Tristel–Getschwiler–Urigen ▄▄▄ 1 Std.
e) Tristel–Getschwiler–Spiringen ▄▄▄ 1 Std. 45 Min.
f) Heidmanegg–Ruosalper Chulm–Ruosalp ▄▄▄ 2 Std. 30 Min.
g) Klausenpass–Urnerboden ▄▄▄ 1 Std. 45 Min.

33 Eggbergen–Schön Chulm–Spilauer See–Riemenstalden

Passwanderung auf unbekannten Pfaden.

Route	Höhe in m	Hinweg	Rückweg
Eggbergen	1445	–	5 Std. 45 Min.
Schön Chulm	2046	2 Std. 15 Min.	4 Std.
Übergang Hagelstock	2138	2 Std. 45 Min.	3 Std. 45 Min.
Spilauer See	1837	3 Std. 15 Min.	3 Std.
Lidernenhütte SAC	1727	3 Std. 45 Min.	2 Std.
Chäppeliberg	1182	5 Std.	1 Std.
Riemenstalden	1030	5 Std. 45 Min.	–

Ab *Bergstation der Eggbergbahn* dem Fahrsträsschen folgen bis zum Gr. Flesch. Von hier aus führt ein anfänglich fast flacher Weg zur Chalberweid und bald steil ansteigend zum Grateinschnitt *Schön Chulm*. Leicht bergauf führt der Bergweg zum Grateinschnitt zwischen *Hagelstock* und Siwfas. Absteigend über Alpweiden, den Markierungen entlang zum *Spilauer See*. Ab hier auf gutem Bergweg hinunter zur Bergstation der Seilbahn resp. zur *Lidernenhütte*. Für den Abstieg nach Riemenstalden benützt man den Hüttenweg, der beim Karrenwändchen Pt.1617 (Wegweiser) in den Wald einbiegt. Man steigt in einer steilen Kehre auf dem steinigen Waldweg abwärts und überschreitet bei der Seilbahn den Bach. Vom *Chäppeliberg* benützt der Wanderer das Fahrsträsschen nach *Riemenstalden*.

Abzweigungen
a) Chäppeliberg–Goldplangg (Höchi)–Muotathal 3 Std. 30 Min.
b) Lidernenhütte SAC–Goldplangg (Höchi)–Muotathal 3 Std. 15 Min.
c) Lidernenhütte SAC–Alplen–Riemenstalden 2 Std. 15 Min.

Schächental

34 Biel–Chinzig Chulm–Muotathal

Auf den Spuren Suworows über einen romantischen Pass.
Am Ausgang von Bürglen beim Weiler Brügg an der Klausenstrasse (Posthaltestelle) führt uns die Luftseilbahn Brügg–Biel zum Ausgangspunkt.

Route	Höhe in m	Hinweg	Rückweg
Biel 🚠	1637	–	6 Std.
Chinzig Chulm	2073	1 Std. 45 Min.	5 Std.
Liplisbüel	1194	3 Std. 15 Min.	2 Std.
Muotathal 🚌	624	5 Std.	–

Oberhalb der Bergstation *Biel,* bei der Weggabelung Vorder Wissenboden (Pt.1720), zweigt die Route nordwärts ab. Anfänglich leicht steigend, führt sie weiter oben in einem grossen Bogen gegen Osten steil zur Passhöhe *Chinzig Chulm.* Eine Tafel am Felsen bei der Kapelle erinnert an den Übergang der russischen Truppen unter Feldmarschall Suworow im Spätherbst 1799. Hier bietet sich dem Wanderer eine herrliche Aussicht in die Urner und Glarner Alpen. Greifbar nahe sind Rossstock, Fulen und Chaiserstock. Dieses Gebiet bis zum Blüemberg wird nicht nur im Sommer, sondern auch im Winter und Frühling von Skitourenfahrern sehr viel besucht. Von der Passhöhe bieten sich zwei Wege an, um nach Muotathal zu gelangen. Ein vorerst steiler Abstieg ins Chinzeralptal führt über die Alp Wängi und von hier über den breiten Talboden nach *Liplisbüel* und ins Dorf *Muotathal.*

Nebenroute
Die Variante über Seenalp ist nicht so steil und anstrengend. Der Wegweiser auf der Passhöhe weist gegen Norden, und später findet der Wanderer die Wegmarkierungen über die weglosen Alpweiden in Richtung Seenalp. Im Talboden vereinigt sich der Weg mit jenem aus dem Chinzertal und führt hinaus nach Liplisbüel und ins Dorf Muotathal.

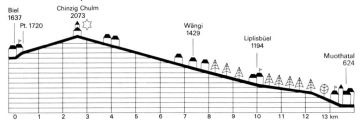

35 Ratzi (Rietlig)– Chinzig Chulm–Muotathal

Parallelroute zur Chinzigroute von Biel her (34). Im Frühling ist diese Route eher schneefrei als jene.
Im Dorf Spiringen an der Klausenstrasse findet der Wanderer die Luftseilbahn Spiringen–Ratzi, die uns zum Ausgangspunkt der Wanderung bringt.

Route	Höhe in m	Hinweg	Rückweg
Ratzi 🚠	1511	–	6 Std.
Chinzig Chulm	2073	1 Std. 45 Min.	5 Std.
Liplisbüel	1194	3 Std. 15 Min.	2 Std.
Muotathal 🚌	624	5 Std.	–

Zwischen der Bergstation und dem Berggasthof *Ratzi* steigt der Weg hinauf durch den Bergwald zum Naturfreundehaus und zur aufgelockerten Siedlung Rietlig. Auf dem asphaltierten Höhenweg wandern wir ca. 200 m in Richtung Norden und nehmen dann den vorerst steilen Aufstieg in Angriff. Nach diesem kurzen Steilstück führt der Weg mässig steil über Alpweiden und dann auf dem mit losem Gestein überdeckten Bergweg hinauf zur *Chinzig Chulm*. Hier bietet sich dem Wanderer eine herrliche Rundsicht in die Urner und Glarner Alpen. Wer sich für die grossen Karrenfelder interessiert, der steige über den Alprücken auf den Chinziggrad. Hier findet man auf der Abdachung Kalkflächen mit Furchen und Löchern, die durch die lösende Tätigkeit des Wassers in Verbindung mit der Kohlensäure der Luft entstanden sind. Sie bilden bis zur Silberen ein grosses zusammenhängedes Karrenfeld.
Von der Passhöhe bieten sich zwei Wege an, um nach Muotathal zu gelangen. Ein vorerst steiler Abstieg Chinzeralptal führt über die Alp Wängi und von hier über den breiten Talboden nach *Liplisbüel* und ins Dorf *Muotathal*.

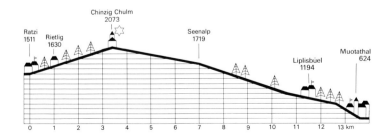

36 Unter Balm–Äsch–Unterschächen

Romantischer Abstieg von der Klausenstrasse zur Sommersiedlung Äsch, von hier auf bequemem Strässchen nach Unterschächen.

Route	Höhe in m	Hinweg	Rückweg
Untere Balm 🚌	1729	–	2 Std. 30 Min.
Äsch	1273	1 Std. 15 Min.	1 Std.
Unterschächen 🚌	995	2 Std. 15 Min.	–

Von *Unter Balm* an der Klausenstrasse führt ein Fussweg in südöstlicher Richtung über den Talboden zum Niemerstafelbach, quert diesen und bringt den Wanderer an einer Gruppe von Alphütten vorbei, einen niedrigen Kalkrücken überwindend, steil im Zickzack durch die Balmwand hinunter zur Sommersiedlung *Äsch*. Dieses äusserst steile Wegstück ist als alter historischer Weg seit langem bekannt. Früher galt er als einziger Verbindungs- und Viehtriebweg zur grössten Urneralp «Ennet-März», d.h. auf den Urnerboden. Als alte Handelsverbindung mit dem Kanton Glarus wird der Übergang seit dem 11./12. Jh. benützt.
Am Nordostrand der Siedlung steht, halb versteckt, eine Alpkapelle. Kein naturverbundener Wanderer wird das grandiose Schauspiel übersehen, das der Stäuben hier bietet, der in hohem Fall direkt über Äsch über die Felsen stürzt.
Auf gutem Strässchen wandert man von hier über Rosslauwi (1160 m), Hinter Bänzig (1136 m) zur Siedlung Ribi und von hier auf einem Feldweg durch blumige Matten nach *Unterschächen* (S. 114).
Unterschächen ist eine alte Siedlung an der Klausenpassroute. Es rühmt sich heilkräftiger Wasser. Seine Kirche ist Anno 1500 erstmals erwähnt. Die heutige Kirche auf dem Büel stammt aus dem Jahre 1681; vergrössert und renoviert wurde sie 1973.

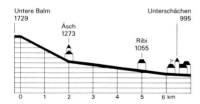

37 Klausenpasshöhe–Chammli–Brunni–Unterschächen

Wanderung über die Alpweiden auf der südwestlichen Höhenterrasse.

Route	Höhe in m	Hinweg	Rückweg
Klausenpasshöhe 🚌	1948	–	4 Std. 30 Min.
Chammli	2049	45 Min.	3 Std. 45 Min.
Hüenderli (Oberalp)	1836,5	1 Std. 45 Min.	2 Std. 30 Min.
Nideralp	1652	2 Std.	5 Std.
Wannelen 🚡	1624	2 Std. 45 Min.	4 Std. 15 Min.
Trogen	1511	3 Std. 30 Min.	3 Std. 15 Min.
Nider Lammerbach	1515	4 Std. 15 Min.	2 Std. 30 Min.
Brunni	1402	5 Std.	1 Std. 30 Min.
Unterschächen 🚌	995	6 Std.	–

Unmittelbar rechts der *Klausenpasskapelle* (S. 114) zieht der Weg in westlicher Richtung vorerst ordentlich breit, später schmäler über Alpweiden zur *Chammlialp*. Auf diesem Hochplateau lohnt es sich, kurz zu rasten und die Aussicht talauswärts zu geniessen. Von da an fällt der Weg leicht ab. Unter den mächtigen Moränenkegeln erreichen wir Pt. 2013 am noch jungen, jedoch zur Mittagszeit wilden Gletscherbach. Auf dem neuen, teilweise ausgesetzten Weg steigen wir ab zur Alp *Oberalp*. Nahe der Transportseilbahn beginnt der Abstieg zur Alp *Nideralp*. Der Wegweiser weist uns nach Norden auf den Höhenweg nach Wannelen. Zur Alp *Wannelen* führt von der Siedlung Ribi eine Personenseilbahn, die vom Wanderer benützt werden kann. Unser Höhenweg geht nun ins Brunnital. Dieses Teilstück konnte dank vieler Fronarbeitsstunden und der Unterstützung durch die SAW neu erstellt und 1980 dem Wanderer übergeben werden. *Trogen-Alp* auf der Höhenterrasse über dem Brunnital bietet dem Wanderer die erste Möglichkeit, ins Tal abzusteigen. Der Abstieg ist sehr steil und nicht jedermann zu empfehlen.

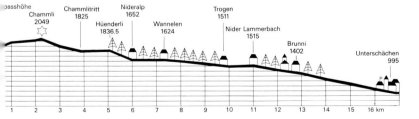

Eingang ins romantische Brunnital mit der grössten zusammenhängenden Kalkwand der Alpen als Talabschluss vom Gross Ruchen bis zur Chli Windgällen.

Wer das Brunnital in der ganzen Schönheit geniessen will, dem wird empfohlen, auf dem Höhenweg zu bleiben und bei *Nider Lammerbach* oder ganz hinten ins Tal auf die *Brunnialp* abzusteigen. *Unterschächen* (S.114) erreicht man auf der teils neuerstellten Talstrasse.

Abzweigungen
a) Oberalp–Äsch–Unterschächen 1 Std. 45 Min.
b) Nideralp–Äsch–Unterschächen 1 Std. 30 Min.
c) Trogenalp–Ueligschwand–Unterschächen 1 Std. 15 Min.
d) Nider Lammerbach–Rüti–Lauwi–Unterschächen 1 Std. 30 Min.

Hinweis: Diese Wanderung wird im Sommer 1989 zum naturkundlichen Wanderweg ausgebaut. Auf diesen Zeitpunkt erscheint eine Broschüre über die geologische, botanische und alpwirtschaftliche Situation dieses Gebietes. Die Broschüre kann beim Postamt 6460 Altdorf, Telefon 044 2 21 85, bezogen werden.

38 Schattdorf–Haldi–Pfaffenwald (Oberfeld)–Grätli–Bälmeten

Wanderung über blumige Bergwiesen und Alpweiden.

Route	Höhe in m	Hinweg	Rückweg
Schattdorf	481	–	4 Std.
Haldi	1078	1 Std. 30 Min.	3 Std.
Pfaffenwald (Oberfeld)	1460	2 Std. 15 Min.	2 Std. 15 Min.
Bälmeten	2414	5 Std.	–

Die Bergstation *Haldi* ist ab *Schattdorf* (S. 115) vorerst auf dem breiten Waldweg, später über den etwas steileren Bergweg gut zu erreichen. Bequemer und leichter geht es mit der Luftseilbahn Schattdorf–Haldi.
Immer leicht aufwärts wandern wir zum Sodberg. Auf der kleinen Anhöhe steht eine Anno 1931 erbaute, hübsche Kapelle. Wir bleiben noch ein Stück auf dem breiten Weg, um später links über die Bergwiesen zum Böschberg und *Pfaffenwald* aufzusteigen. Wer den bequemen Fahrweg wählt, zweige beim Lussergedenkstein links ab und erreicht leichter, jedoch mit grösserem Zeitaufwand über *Hirzenboden–Säumli* den Pfaffenwald. Nun beginnt der steile Aufstieg über Stafel zum Grätli und über den Bergrücken auf den Gipfel *Bälmeten.*

Abzweigung
a) Grätli–Stich–Unterschächen 3 Std. 30 Min.
b) Grätli–Strängmatt–Erstfeld 3 Std.

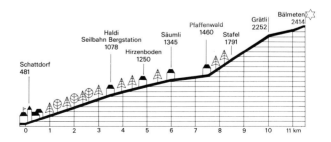

Schächental 76

39 Riedertal–Eggenbergli–Holzboden–Witerschwanden

Romantischer Übergang vom Riedertal ins Schächental.

Route	Höhe in m	Hinweg	Rückweg
Riedertaler Chappelen	905	–	2 Std. 30 Min.
Eggenbergli	1287	1 Std. 15 Min.	1 Std. 30 Min.
Holzboden	831	2 Std. 15 Min.	15 Min.
Witerschwanden	774	2 Std. 30 Min.	–

Bürglen oder der Weiler Loreto an der Klausenstrasse sind die Startpunkte dieser Wanderung. Vom Kirchplatz Bürglen wie von Loreto aus erreicht man die *Riedertaler Chappelen* auf dem Gosmerweg resp. der ausgebauten Zufahrtsstrasse. Die Wallfahrtskapelle im Riedertal ist Bethaus und «Kirmi» zugleich. 1535 wird sie bereits in alten Schriften erwähnt. Alte Wallfahrtsbräuche, die im Laufe der Jahre in Vergessenheit gerieten, bringen heute wieder neues Leben ins Riedertal.

Unmittelbar bei der Riedertaler Chappelen führt der Weg durch schattigen Wald auf den Grat ob Vierschröt. Man ist erstaunt, hier oben so herrliche blumenreiche Matten zu finden. Ein schmaler Fussweg weist uns später auf die Gratkante in Richtung *Eggenbergli*. Der Blick auf die Schächentaler Sonnenseite mit den unzähligen Heimwesen weist darauf hin, dass das Schächental über Jahrhunderte der Landwirtschaft diente. Heute sind die Bergliegenschaften bis weit hinauf durch Seilbahnen erschlossen, und verschiedene Güterstrassen dienen als Zubringer in abgelegene Gebiete. Die Sonnenseite ist nicht nur Berglandwirtschaftsgebiet, sondern dient dem Tourismus im Sommer wie im Winter.

Der Abstieg ins Schächental ist eindeutig. Der Fahrweg führt an den Heimwesen Ruelisberg vorbei, später auf dem Waldweg bis zum *Holzboden* an der Klausenstrasse und auf derselben nach *Witterschwanden*.

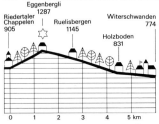

▶ Die bereits vor 1535 urkundlich bezeugte Wallfahrtskapelle im Riedertal wurde im 16. und 17. Jh. mehrmals erweitert, behielt jedoch den spätgotischen Chor bei (Foto). Schiff und Chor gehören der Renaissance an. Im Inneren finden sich Wandmalereien des 16. und 17.Jh.

Maderanertal–Fellital–Meiental–Göscheneralptal

40 Amsteg–Bristen–Golzern–Tritt–Balmenegg–Amsteg

Eine etwas anstrengende, aber sehr lohnende Wanderung in ein wildromantisches Gebiet und in eines der schönsten Alpentäler.

Route	Höhe in m	Hinweg	Rückweg
Amsteg-Silenen	544	–	9 Std. 30 Min.
Bristen	770	1 Std. 15 Min.	8 Std. 30 Min.
Talstation Luftseilbahn	832	1 Std. 45 Min.	8 Std.
Seewen-Golzern	1423	4 Std.	7 Std.
Tritt	1800	6 Std. 15 Min.	5 Std.
Balmenegg (Hotel SAC)	1349	7 Std. 15 Min.	3 Std. 30 Min.
Bristen	770	8 Std. 45 Min.	1 Std.
Amsteg-Silenen	544	9 Std. 30 Min.	–

Von der Station *Amsteg-Silenen* (S. 117) folgt man dem alten Gotthardweg (Route 1) durchs Dörfli, an der alten Sust vorbei. Bei der grossen Kurve der Strasse steigt man dem Hang entlang aufwärts, an der Burgruine Zwing Uri vorbei, zur Brücke über die SBB. Der Weg verläuft nun ein Stück oberhalb der Bahnlinie und steigt im Zickzack durch den Wald zum Frentschenberg empor, an der Kapelle vorbei, bald breiter werdend, zur Wehrebrücke in *Bristen* (S.117). Die Pfarrkirche dieses Bergdorfes wurde in den Jahren 1910–1912 erbaut, während daselbst eine Kapelle schon in früheren Jahrhunderten nachweisbar ist.

Ab Bristen benützt man die Strasse bis zur Brücke nach der *Talstation der Luftseilbahn Bristen–Golzern* (in unmittelbarer Nähe befindet sich ein 1966 renovierter Hochofen aus der Zeit des Erzabbaus an der Kleinen Windgälle), zweigt hier links ab und steigt durch den Wald über die steile Talwand empor. Oberhalb Glausen gelangt man in den Graben der Widderlaui. Von hier schräg durch die Bergwiesen in östlicher Richtung aufwärts und dann durch den ständig bewohnten Weiler *Golzern*. Zwei Berggasthäuser findet

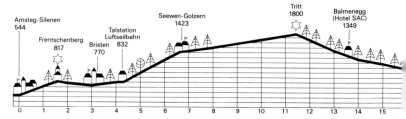

der Wanderer unweit des Bergsees. Hinter dem letzten Haus von Golzern verlässt man den Weg, der zum See führt, und folgt dem Pfad, der vorerst über Wiesen ansteigt, dann ungefähr 70 m über dem See den Wald quert und weiter am teils offenen, teils licht bewaldeten Berghang zum Steinmann emporführt. Hier, eine gute halbe Stunde unterhalb der Windgällenhütte AAC (Akademischer Alpen Club), trennen sich die Wege. Der eine geht hinauf zur Hütte, der andere – Eselweg genannt – führt direkt hinunter nach Balmenegg (Hotel SAC). Wir halten uns an die Fortsetzung des Golzernweges und wandern auf gleicher Höhe weiter gegen Osten. Bald sind wir bei den Hütten der Alp Stäfel, von wo sich der Weg leicht gegen die Felsstufe des *Tritt* absenkt. Die Wanderung von Golzern bis Balmenegg bietet grandiose Ausblicke auf Gletscher und die majestätische Welt der Dreitausender Oberalpstock und Gross Düssi. Unvermittelt hat man auch das Becken des Hüfifirns vor Augen. Eindrucksvoll sind die glattgeschliffenen, blauen Fels-

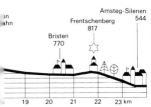

Der Bergbau – Eisenerz und Edelmetalle – nahm im alten Uri eine bedeutende Stellung ein. Dieser Schmelzofen, die alte Verhüttungsanlage aus dem 15. Jh. bei der Talstation der Seilbahn in Bristen am Eingang ins Maderanertal, wurde 1956/66 freigelegt und fachgerecht restauriert (Route 40).

türme des Chalch, wuchtig die Felsbastion der Gross Windgällen, des Pucher und des Gross Ruchen. Aber auch die Bergflora kann sich sehen lassen. Ein Teppich, bunt bestickt mit schönen Alpenblumen, liegt an unserem Wanderweg ausgebreitet.
Vom Tritt führt der Weg in einem Dutzend Spitzkehren nach *Balmenegg* (Hotel SAC) hinunter, wo man gerne Einkehr hält. Von hier geht's weiter nach Balmenschachen, durch die Kahlfläche, welche vor ein paar Jahren durch eine grosse Schadenlawine aus mehrhundertjährigem Bergwald herausgerissen wurde.
Bald zur Rechten, bald zur Linken des Chärstelenbachs wandert man auf gutem Strässchen wieder zurück ins Dorf *Bristen* und über den Frentschenberg hinunter nach *Amsteg-Silenen*.

Abstiege
a) Golzern–Graspelenweg–Maderanertal 1 Std.
b) Stäfel–Alt Stafel–Balmenegg (Eselweg) 1 Std. 15 Min.
c) Öfeli (Pt. 1757)–Balmenwald–Balmenegg (Sennenweg) 1 Std. 30 Min.

Hüttenwege:
d) Glozern–Windgällenhütte 1 Std. 45 Min., Route 48
e) Balmenegg–Blindensee–Hüfihütte 3 Std. 30 Min., Route 49
f) Bristen–Rossboden–Etzlihütte 4 Std., Route 50

41 Bristen–Müllersmatt Chrüzlipass–Sedrun

Seit Jahrhunderten begangener Übergang vom Maderanertal ins Tavetsch.

Route	Höhe in m	Hinweg	Rückweg
Bristen 🚌	770	–	7 Std.
Müllersmatt (Etzlihütte)	1988	4 Std.	4 Std.
Chrüzlipass	2347	5 Std. 15 Min.	3 Std. 15 Min.
Sedrun 🚂	1405	8 Std. 30 Min.	–

Vom Dorf *Bristen* (S. 117) wandern wir in Richtung Maderanertal. Bei Pt. 784 zweigt der Weg durchs Etzlital vom Talsträsschen ab. Man überschreitet auf solider Brücke den Chärstelenbach, folgt dessen linkem Ufer, dann dem Ufer des Etzlibachs bis nahe zum grossen Wasserfall und steigt im Zickzack steil zum Wald empor. Der Weg verläuft nun ein Stück weit fast horizontal durch den Wald. Beim Waldaustritt nimmt man den Weg rechts, der entlang dem offenen Steilhang taleinwärts führt.

Kurz nach Chrüzsteinrütti geht's bis zum Eintritt in den flachen Boden am rechten Bachufer einwärts bis ungefähr auf die Höhe der Hütten von Vorder Etzliboden, wo man den Bach auf einer guten Brücke wieder nach Westen überschreitet. Nun führt der Weg dem Bach entlang über den sumpfigen Etzliboden und unter den Hütten von Hinter Etzliboden hindurch. Mit zunehmender Steigung wird der Weg wieder besser. Er zieht sich am westlichen Talhang zum Tritt empor und zu den Hütten von Rossboden, durchquert den folgenden kleinen Talboden und steigt, etwas nach Westen ausholend, über zwei weitere Talstufen zu den Hütten von Gulmen und zur *Müllersmatt* hinauf. Hier zweigt der Weg zur Etzlihütte SAC nach rechts ab. Südlich der Hütte von Müllersmatt wird der Etzlibach ein letztes Mal überschritten. Der Weg führt nun nach links über den Boden der Lägni ins Chrüzlital. Er zieht sich hart unter den Felsen der nördlichen Talwand hin und leitet schliesslich über einen grossblockigen Trümmerhang zum *Chrüzlipass*.

Der Abstieg nach Sedrun erfolgt vorerst auf einem guten, breiten Saumweg durch einen mit Felsblöcken übersäten Grashang, zwischen Fluhabsätzen hindurch, dem westlichen Talhang entlang. Durch den grossen Talboden gelangen wir zu der Hütte von Bauns. Wir folgen immer dem westlichen Ufer des Baches, den wir bei Pt. 1573 überschreiten, und gelangen auf gutem Weg ins schmucke Tavetscherdorf *Sedrun*.

Abzweigung
a) Etzlihütte–Pörtlilücke–Fellital–Gurtnellen 🚂 6 Std. 15 Min.

Hüttenweg
b) Bristen–Rossboden–Etzlihütte 4 Std., Route 50.

42 Wiler–Fellilücke–Oberalppass

Leichter, vielbegangener Übergang vom Reusstal zum Oberalppass durch ein Eidgenössisches Jagdbanngebiet.

Route	Höhe in m	Hinweg	Rückweg
Wiler (Gurtnellen) 🚂	745	–	6 Std. 15 Min.
Treschhütte SAC	1475	3 Std.	4 Std.
Fellilücke	2478	6 Std. 15 Min.	1 Std. 30 Min.
Oberalppass 🚂	2033	7 Std.	–

Der Eingang ins Fellital wird erreicht, indem man einen Wanderweg benutzt, der nördlich hinter dem Stationsgebäude *Gurtnellen SBB* (S. 112) zwischen zwei Häusern hindurchführt und sich auf der linken Reussseite talwärts zieht. Bei der ersten Brücke überquert man die Reuss und gelangt auf die alte Gotthardstrasse.

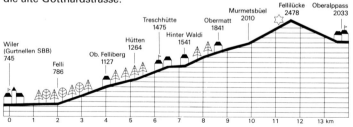

Ein kurzes Stück nordwärts und dann unter der Nationalstrasse hindurch. Auf dieser neuen Erschliessungsstrasse bleiben wir und betreten oben im Felliberg den alten Fussweg. Dieser führt zwischen dem Bachtobel und den Weiden aufwärts, dann mit geringer Steigung dem Ufer des Fellibachs entlang zum Talboden von Hütten, wo man zwischen zwei mächtigen Blöcken hindurch zur Brücke und über diese auf das rechte Ufer des Fellibaches gelangt. Von hier quert man einen ebenen Weidboden und steigt dann wenig über dem Bach über einen Trümmerhang durch lichten Wald allmählich zum Boden von Ronen an. Eine Brücke leitet uns auf das linke Ufer des Baches. Diesem entlang steigen wir zur *Treschhütte SAC* empor. Von hier erreicht man in wenigen Minuten den flachen Talboden von Vorder Waldi.

Man geht nun westlich des Baches zu den Hütten von Hinter Waldi und weiter auf gutem Alpweg, zuletzt den Fellibach nach Osten überschreitend, zu den Hütten von Obermatt. Der Weg verliert sich vorerst ein wenig, wird aber später wieder deutlich und steigt dann auf der östlichen Talseite nach Murmetsbüel an. Von hier folgt man dem nun meist auf dem Talgrund verlaufenden Pfad weiter bis zur *Fellilücke*. Diese erreicht man in der tiefsten Einsattelung, indem man von der Hütte, hart vor dem Pass, einige Meter nach Osten hält.

Von der Fellilücke steigt man, immer der Talmitte folgend, abwärts. Ein eindeutiger Pfad besteht nicht, doch ist der Abstieg nicht beschwerlich und leicht zu finden. Endpunkt der Wanderung ist der *Oberalppass,* von wo der Wanderer mit der FOB Andermatt oder Disentis erreichen kann.

Abzweigungen
a) Fellital–Pörtlilücke–Etzlihütte–Bristen 🚌 6 Std. 30 Min.
b) Treschhütte–Etzlihütte 3 Std. 30 Min.

Hüttenweg
c) Steinbruch Güetli–Ober Felliberg–Hütten–Treschhütte 2 Std. 30 Min., Route 51.

43 Wassen–Dörfli–Färnigen–Sustenpass–Steingletscher

Bequemer Passübergang vom Reusstal ins Haslital durchs romantische Meiental.

Route	Höhe in m	Hinweg	Rückweg
Wassen	928	–	10 Std.
Dörfli (Meien)	1274	1 Std. 30 Min.	8 Std. 15 Min.
Sustenpass	2304	5 Std. 15 Min.	6 Std.
Steingletscher	1865	5 Std. 45 Min.	5 Std. 15 Min.

Von der Mitte des Dorfes *Wassen* (S.119) führt der Weg vorerst ungefähr 200 m auf der Sustenstrasse. Links abzweigend, unterqueren wir auf dem alten Passweg die Gotthardlinie der SBB, um dann auf dem Weg an der rechten Seite der Meienreuss in wenigen Kehren aufwärts zu steigen. Nach Überwinden der ersten kurzen Rampe gelangt man ins eigentliche Tal, zur Meienschanz. Hier stand einst ein Feldbollwerk, welches zur Franzosenzeit letztmals umkämpft worden war.

Der Weg führt meistens durch lichten Wald über die Fedenbrügg auf die linke Bachseite zum Weiler Husen, wo eine schlichte Kapelle steht. Ein besonders herrlicher Einblick ins Tal mit den Fünffingerstöcken im Hintergrund wird den Wanderer vom Weiler Husen aus ständig beeindrucken.

Immer dem alten Passweg folgend, erreichen wir Meien (S.119) oder *Dörfli*, die Hauptsiedlung des Tales. Die Häuser des Tales sind meist durch Steindämme bergseits gegen Lawinen geschützt, weil das ganze Meiental stark lawinengefährdet ist.

Gegen Süden öffnet sich der Kartigel, ein steiles Tal, hoch überragt vom Fleckistock, dem höchsten Urnergipfel, der ganz auf Urner Hoheitsgebiet steht.

Der Weg verläuft parallel zur Passstrasse und führt bei der Kapelle vorbei, wo die Talkirche steht. Eine St.-Margarethen-Kapelle ist hier bereits Anno 1520

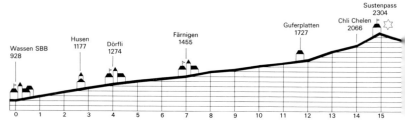

Der teilweise mit Blochpflaster ausgelegte alte Saumweg vor der ständig bewohnten Siedlung Färnigen. Wo keine randlichen Steinmauern vorhanden sind, grenzen Pfahlzäune mit durchbohrten Pfosten den Weg ab. Im Hintergrund als Talabschluss die Fünffingerstöcke (Route 43).

erwähnt, die heutige Kirche stammt aus dem Jahr 1866. Nach wenigen Schritten quert man die Sustenstrasse und wandert, abseits des Verkehrs, nach der Häusergruppe Färnigen, wo eine kleine Kapelle steht und der letzte Gasthof des Tales zum Rasten einlädt.

Der Weg steigt nach Gorezmettlen und führt über den gleichnamigen, schäumenden Bergbach auf die Alpweiden von Hinterfeld und weiter zur Guferplatten. Immer steiler geht es nun auf dem alten Passweg in vielen Kehren zum *Sustenpass,* der die Grenze bildet zwischen Uri und Bern.

Die neue Sustenstrasse, erbaut zur Zeit des Zweiten Weltkrieges 1939–1945, führt in einem sogenannten Scheiteltunnel einige Meter unter der eigentlichen Wasserscheide über den Pass.

Grossartig ist hier oben die hochalpine Umwelt. Im Süden ragt das Chli Sustenhorn steil über die Passhöhe, während weiter im Hintergrund Sustehorn, Gwächtenhorn, Hinter, Mittler und Vorder Tierberg ihre vergletscherten Gipfel zeigen.

Von der Passhöhe aus folgt man meistens dem alten Passweg und erreicht das Hotel *Steingletscher,* das Ziel unserer Wanderung.

Hüttenwege
a) Färnigen–Sewenhütte 2 Std., Route 53.
b) Chli Sustli–Sustenhütte 1 Std. 30 Min., Route 54.

44 Göschenen–Gwüest–Göscheneralpsee

Im Banne der Gletscher von Göschenen zum Göscheneralpsee.

Route	Höhe in m	Hinweg	Rückweg
Göschenen	1106	–	2 Std. 30 Min.
Bonen	1321	1 Std. 15 Min.	1 Std. 30 Min.
Gwüest	1585	2 Std. 15 Min.	45 Min.
Göscheneralpsee	1797	3 Std. 15 Min.	–

Von *Göschenen* (S. 111) wählt der Wanderer, der gerne abseits der Fahrstrasse zu seinem Wanderziel gelangen möchte, den Weg auf der rechten Seite der Göschener Reuss durch den Stockwald bis Abfrutt. Der ganzjährig bewohnte Weiler Abfrutt liegt auf der gegenüberliegenden Seite der Reuss. Die Wohnstätten und Gebäude gruppieren sich um die St. Matthiaskapelle. Über Lauenen geht es immer dem Bach entlang bis *Bonen*. Im Vorsommer ist beim Überqueren der Lawinenkegel entsprechende Vorsicht geboten. Unmittelbar bei der Brücke von Bonen, welche die Reuss überspannt, führt uns ein anfänglich breiter Weg, immer auf der rechten Seite des Baches, später der alte Saumweg durch die Talenge, von hier ein neuerstellter Weg auf den Jäntelboden unterhalb Gwüest.

Hier im *Gwüest* wohnen die Göschenerälpler das ganze Jahr hindurch, nachdem anlässlich des Kraftwerkbaus eine Umsiedlung von Göscheneralpboden, der heute vom Stausee zugedeckt ist, hierher notwendig geworden war. Die Bevölkerung lebt grösstenteils von der Landwirtschaft (Viehzucht). Der Gastbetrieb im Gwüest gilt als Treffpunkt für Wanderer und Alpinisten. Hier steht auch eine schmucke neue Kapelle mit einem kostbaren Ritz-Altar aus der ehemaligen Kirche von Göschenen, und hier gehen die Kinder zur Schule.

Der grösste Feind des Tales war seit jeher die Lawine. Noch im Jahre 1951

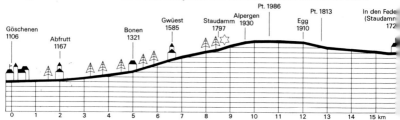

wurden im Gwüest über 100 Tiere – Kühe, Ziegen und Schafe – getötet. Menschen kamen glücklicherweise keine ums Leben.
Auf der ehemaligen Baustrasse führt die Wanderung durch den Jäntelboden, wo wir auf einem Steg die Reuss überqueren. Nun geht es den Hang hinauf zur Fahrstrasse. Wir überschreiten sie und benützen den gut markierten Weg über die Alpweide. Von hier führt ein neuangelegter Weg, alles oberhalb der Fahrstrasse, bis zum Bergrestaurant, das wenige Meter unterhalb der Krone des *Göscheneralpsee*-Staudammes liegt.

Hüttenwege
a) Staudamm–Berg–Bergseehütte 2 Std., Route 57.
b) Staudamm–Vorder Röti–Hinter Röti–Chelenalphütte 3 Std. 30 Min., Route 58.
c) Staudamm–Vorder Röti–Dammaeuss–Dammarhütte 3 Std., Route 59.

Rundwanderung um den Stausee
Für die Wanderung rund um den See überqueren wir den Staudamm und vergessen nicht, einen Blick talauswärts zu werfen auf die grossartigen Berge, die das Tal rundum abschliessen. Vom Mittagstock im Süden über Winterstock, Dammastock bis zum Bergseeschijen im Norden zeigen sich viele Gipfel. Jeden Wanderer, der die Berge liebt, wird es wieder in dieses wildromantische Hochtal zurückziehen. Der schmale Pfad führt rechts des Stausees – anfangs im Zickzack – auf die erste Felsstufe, um dann leicht ansteigend über Pt. 1930 und Pt. 1986 die Dammareuss zu überqueren. Man achte auf dem eben begangenen Weg stets etwas auf Steinschlag, der nach Schlechtwettertagen eintreten könnte. Bei trockenem Wetter wären Befürchtungen fehl am Platz.
Nach dem Steg über die Dammareuss führt ein Weg links hinauf zur Dammahütte SAC. Unser Weg indessen geht leicht abwärts ins Chalenalptal. Bei Pt. 1813 überschreitet man die Chalenreuss. Ein breiter, einladender Weg führt uns über eine herrliche Aussichtsterrasse und mündet unweit des Staudammes wieder in die Fahrstrasse ein.

▶ **Stausee auf Göscheneralp. Im Hintergrund die Dammastockkette.**

45 Gitschenhörelihütte

Private Berghütte, 2330 m, 14 Plätze, kein Hüttenwart. Schlüssel erhältlich bei Eduard von Matt, Altdorf, ⌀ 044 21876, Café Rondo ⌀ 044 21317. Notfunkstation der Schweizerischen Rettungsflugwacht.

Route	Höhe in m	Hinweg	Rückweg
Isenthal	771	–	4 Std.
St. Jakob	990	1 Std.	2 Std.
Biwaldalp	1694	3 Std.	1 Std.
Gitschenhörelihütte	2330	5 Std.	–

Vom Dorf *Isenthal* (S. 112) durchs Grosstal auf asphaltierter Fahstrasse über Bürglen bis *St. Jakob*. Bis hier ist die Strasse für den Fahrzeugverkehr gestattet. Auch die Postautoverbindung hat hier ihren Endpunkt. Nun geht es weiter auf einfachem Fahrsträsschen. Bei Rüti zweigt ein Waldweg ab, der in mässiger Steigung aufwärts führt und sich später mit dem Weg, der von Hüttenegg herkommt, vereinigt. Wenn man aber dem Fahrsträsschen bis Hüttenegg folgt, verlässt man dieses dort, wo es den Isentalerbach überquert, und gelangt links auf markiertem Pfad allmählich immer mehr steigend zur *Biwaldalp* (Touristenrestaurant mit Unterkunft). Von hier ausgesprochener Gebirgsweg der Berglehne des Schieren entlang oberhalb der Alpen Wilder Butzen, Hangbaum und Mälchboden bis zur Höhe der grossen Seitenmoräne des Blüemlisalpfirns. Gut sichtbar und leicht zugänglich am nördlichen Moränenende steht die *Gitschenhörelihütte*.

Besteigungen
Schlieren, Uri-Rotstock, Brunnistock, Blackenstock, Wissigstock, Engelberger-Rotstock.
Übergänge
Über Schlosstor zur Rugghubelhütte SAC oder Rotgrätli–Bannalper Schonegg–Chrüzhütte.

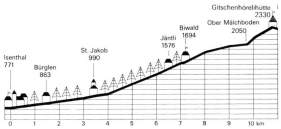

46 Lidernenhütte

Sektion Mythen, 86 Plätze, Hüttenwart während der Sommerferien, übrige Zeit Samstag/Sonntag oder bei genügend Anmeldungen ✆ 043 31 29 70.

Route	Höhe in m	Hinweg	Rückweg
Sisikon	446	–	2 Std. 45 Min.
Riemenstalden	1030	1 Std. 30 Min.	1 Std. 15 Min.
Chäppeliberg	1182	2 Std.	45 Min.
Lidernenhütte	1727	3 Std. 30 Min.	–

Von *Sisikon* (S. 118) führt ein Fahrsträsschen nach Riemenstalden. Wer zu Fuss diese Wegstrecke zurücklegen will, kann die ersten Kehren über einen Fussweg abkürzen. Man kann jedoch auch den steilen Fussweg wählen, der auf der linken Talseite durch den Wald zur Brücke Pt. 812 hinaufführt. Bei *Riemenstalden* resp. *Chäppeliberg* folgt man der Fahrstrasse. Ein bequemer Weg führt über die Goldplangg zur Hütte (ca. 45 Min. länger als der direkte Hüttenweg).
Der steile Hüttenweg schwenkt 50 m vor der Luftseilbahn rechts ab. Man überschreitet den Bach und kommt auf dem südlichen Ufer zum steilen, steinigen Waldweg. Dieser führt vorerst im Zickzack empor an den Fuss einer Felswand. Vom oberen Ende der Felswand folgt man dem Weg durchs Proholz aufwärts. Beim Karrenwändchen (Wegweiser) tritt man aus dem Wald und erreicht in 15 Min. die *Lidernenhütte*.

Besteigungen
Chaiserstock, Chronenstock, Hundstock, Diepen, Rophaien, Rossstock.
Übergänge
Über Schön Chulm–Eggbergen nach Flüelen, über Spilauerlücke–Seenalp–Muotathal, über Rossstocklücke–Seenalp–Muotathal oder Chinzigpass–Schächental.

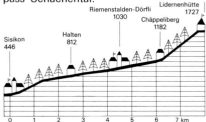

47 Kröntenhütte

Sektion Gotthard, 86 Plätze, Hüttenwart 15. Juni bis 30. September.
℘ 044 5 22 00.

Route	Höhe in m	Hinweg	Rückweg
Erstfeld 🚂	472	–	3 Std.
Bodenberg	1001	1 Std. 30 Min.	1 Std. 15 Min.
Kröntenhütte	1903	4 Std. 30 Min.	–

Von *Erstfeld* (S. 110) (nördlich durch die Unterführung unter dem Bahnstrasse hindurch und nach Überschreiten der Reuss (bis hier zum Teil auf Trottoir) zuerst links, dann rechts auf guten Fussweg (Fahrsträsschen) ins Erstfelder Tal bis *Bodenberg* (Taxibetrieb, Tel. 6 48 61). Hier zweigt der Hüttenweg nach links ab und führt zuerst steil über Tritte und durch Stauden zur *Kröntenhütte* (Geisspfad).

Nebenroute
Vom Bodenberg folgt man weiterhin westwärts dem Bach und gelangt über Sulzwald-Schattig Boden zum Fulensee und zur Hütte 3 Std.

Besteigungen Krönten, Zwächten, Chli und Gross Spannort, Schlossberg, Mäntliser, Päuggenstöckli, Sunnig. Klettergarten in der Nähe der Hütte.
Übergänge
Über Steinchälenfurggi–Leitschachhütte–Arni–Gurtnellen; Gornerenpass–Gurtnellen; Glattpass–Meiental; Glattpass-Meiental; Glattfirn–Schlossberglücke–Engelberg; Glattfirn–Zwächten–Bächistock–Sewenhütte; Glattfirn–Spannortlücke–Bärengruben–Stösslücke–Sustlihütte oder Grassen–Biwak; Päuggenegg–Hundtschingel–Unt. Älpli–Riefurggi–Leidsee–Leutschachhütte; Riedfurggi–Riedstafel–Erstfeld; Riedfurggi–Sunnig Grätli–Arnisee.

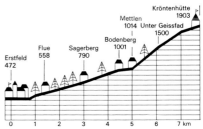

48 Windgällenhütte

Akademischer Alpenclub Zürich, 46 Plätze plus 38 im Nebenhaus, Hüttenwart während der Saison. ℘ 044 6 50 88.

Route	Höhe in m	Hinweg	Rückweg
Amsteg-Silenen 🚂 🚌	544	–	3 Std. 15 Min.
Frentschenberg	817	45 Min.	2 Std. 45 Min.
Bristen 🚌	770	1 Std. 15 Min.	2 Std. 15 Min.
Seewen-Golzern 🚡	1423	2 Std. 45 Min.	1 Std.
Windgällenhütte	2032	4 Std. 30 Min.	–

Von *Amsteg-Silenen* (S. 117) folgt man der Route 40 über *Frentschenberg* nach *Bristen* und anschliessend auf der Fahrstrasse zur Talstation der Luftseilbahn Bristen–Golzern. Bei Tal/Pt. 832 führt der Bergweg steil aufwärts nach *Seewen-Golzern*. Beim letzten Heimwesen vor dem Golzernsee beginnt der eigentliche Hüttenweg. Unterhalb der Alp Stafel beim Eintritt in die Mulde des Stafelbaches zweigt der markierte Hüttenweg nach links ab (Wergweiser). Er folgt dem Stafelbach vorerst auf der westlichen, später auf seiner östlichen Seite in Richtung zur Hütte. Auf dem letzten Wegstück kann man bei Nacht oder Nebel leicht die Spuren verlieren. Man folgt dann besser dem Bach bis zum Örtliboden und erreicht in östlicher Richtung die *Windgällenhütte*.

Nebenroute
Balmenegg (Hotel SAC)–Tritt–Windgällenhütte 2 Std. 30 Min.

Besteigungen
Gross und Chli Windgällen, Hölenstock, Pucher, Ruchenfensterstock und -turm, Gross Ruchen, Alpgnofer Stock.
Übergang
Ruch Chälenpass nach Unterschächen.

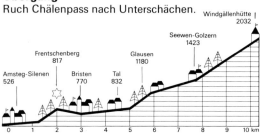

49 Hüfihütte

Sektion Pilatus, 70 Plätze, Hüttenwart Juli bis Mitte September ständig, Vor- und Nachsaison Samstag/Sonntag. ℘ 043 31 22 88.

Route	Höhe in m	Hinweg	Rückweg
Bristen 🚌	770	–	3 Std. 45 Min.
Balmenschachen	1185	1 Std. 30 Min.	2 Std. 30 Min.
Blindensee	1375	2 Std. 15 Min.	2 Std. 15 Min.
Griessbrüggen	1655	2 Std. 30 Min.	2 Std.
Hüfihütte	2334	5 Std. 30 Min.	–

Von *Bristen* folgt man dem Strässchen ins Maderanertal bis *Balmenschachen*. Von hier führen zwei Wege, die sich später wieder vereinigen, zur Hütte. Der untere, markierte Weg zweigt von der Brücke über den Chärstelenbach (Sägebrücke) vom Talsträsschen ab und führt dem Bach entlang auf dessen linkem Ufer an den Hütten von Guferen vorbei zur Brücke bei Pt. 1259. Von hier folgt der Weg dem rechten Bachufer über *Blindensee* nach Griessbrüggen. Wenig hinter der Sägebrücke zweigt von dieser Route der Weg zur Cavardirashütte nach rechts ab.
Bei *Griessbrüggen* überschreitet man nochmals den Chärstelenbach und steigt dann auf dem gut markierten Weg am südöstlichen Talhang gegen die Hütte empor. Vor der Steilstufe unterhalb der Hütte wendet man sich nach Norden und erreicht über den Weiderücken im Zickzack aufsteigend und etwas nach Osten ausholend die *Hüfihütte*.

Besteigungen
Schärhorn, Clariden, Chammliberg, Gross Düssi, Tödi, Piz Cambrialas, Piz Cazarauls.
Übergänge
Über Schärhorngriggeli ins Brunnital, über die Chammlilücke nach Unterschächen oder zum Klausenpass, über Sandpass–Planura nach Linthal.

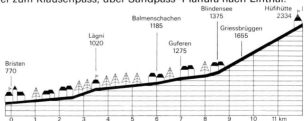

50 Etzlihütte

Sektion Thurgau, 100 Plätze, Hüttenwart 20. Juni bis 30. September, Ostern und Pfingsten. ℘ 043 31 22 88.

Route	Höhe in m	Hinweg	Rückweg
Bristen 🚌	770	–	3 Std.
Vorder Etzliboden	1240	1 Std. 45 Min.	2 Std.
Rossboden	1674	2 Std. 45 Min.	1 Std.
Müllersmatt	1988	3 Std. 45 Min.	15 Min.
Etzlihütte	2052	4 Std.	–

In *Bristen* 5 Min. hinter der eisernen Brücke zweigt der Weg durch Etzital vom Strässchen ins Maderanertal ab. Man überschreitet auf der breiten Brücke den Chärstelenbach und folgt dessen Ufer, dann dem Ufer des Etzlibaches bis nahe dem grossen Wasserfall und steigt dann im Zickzack steil zum Wald empor. Der Weg veräuft nun ein Stück weit fast horizontal durch den Wald. Bei der Weggabelung an dessen Ausgang folgt man dem Weg, der am offenen Steilufer mit schwacher Steigung taleinwärts führt, und folgt dem Bach auf dem linken Ufer bis zum Eintritt in den flachen Etzliboden, wo man ungefähr auf der Höhe der Hütten von *Vorder Etzliboden* den Bach überschreitet. Nun führt der Weg dem Bach entlang unter den Hütte von Hinter Etzliboden hindurch am Talhang empor zum Tritt und zu den Hütten von *Rossboden,* durchquert den Talboden und führt nach Gulmen und zur *Müllersmatt.* Hier zweigt der Weg zur *Etzlihütte* nach rechts ab.

Besteigungen
Bristen, Ruchen, Steinstock, Rossbodenstock, Piz Giuv, Piz Nair, Hälsi, Chrüzlistock, Oberalpstock, Witenalpstock, Sunnig Wichel.
Übergänge
Über Chrüzlipass nach Sedrun, Mittelplatten nach Rueras, Pörtlilücke–Treschhütte–Gurtnellen, Chrüzlipass–Stremalücke–Cavardirashütte.

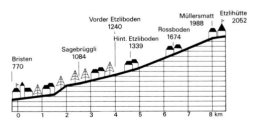

51 Treschhütte

Sektion Am Albis SAC, 40 Plätze, Hüttenwart Frühling bis Herbst: Samstag/Sonntag. ℘ 041 6 45 70.

Route	Höhe in m	Hinweg	Rückweg
Steinbruck Güetli	694	–	2 Std.
Oberen Felliberg	1127	1 Std. 15 Min.	1 Std.
Hütten	1264	1 Std. 45 Min.	30 Min.
Treschhütte	1475	2 Std. 30 Min.	–

Der *Steinbruch «Güetli»* wird erreicht, indem man von der Station Gurtnellen eine knappe halbe Stunde auf der linken Talseite, zwischen Bahn und Reuss, talauswärts wandert, die Reuss auf einem Steg überquert und nach einem kurzen Aufstieg die Gotthardstrasse erreicht. Dieses Strässchen, bis zum oberen Felliberg, bildet den Zugang zur Treschhütte.
Vom *Oberen Felliberg* (Ende der Strasse) führt der Fussweg mit geringer Steigung dem Fellibach entlang zum Talboden von *Hütten,* wo man zwischen zwei mächtigen Blöcken hindurch zur Brücke und über diese auf die andere Seite des Fellibaches gelangt. Man überquert einen ebenen Weidboden und steigt, immer dem Bach folgend, über einen Trümmerhang und durch leichten Wald allmählich zum Boden von Ronen an. Von hier führt der Weg über eine Brücke wieder auf die westliche Seite des Fellibaches und dann den Ronenstutz hinauf zur *Treschhütte*.

Besteigungen
Bristen, Ruchen, Sunnig Wichel, Mattenberg, Wichel Schijen, Schattig Wichel oder Piz Tiarms, Schneehüenerstock, Schijenstock, Bächenstock, Rienzenstock, Diederberge, Taghorn.
Übergänge
Pörtlilücke nach der Etzlihütte, Fellilücke nach Oberalppass, Rientallücke nach Göschenen.

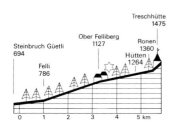

Hüttenwege 96

52 Leutschachhütte

Sektion Zimmerberg, 50 Plätze, Hüttenwart im Sommer, Samstag/Sonntag.
℘ 044 6 45 17.

Route	Höhe in m	Hinweg	Rückweg
Arnisee 🚠	1368	–	2 Std. 15 Min.
Heitersbüel	1539	45 Min.	1 Std. 45 Min.
Furt	1761	1 Std. 30 Min.	1 Std.
Leutschachhütte	2208	3 Std.	–

Den *Arnisee* erreicht man auf einem bequemen Weg unweit der Bergstation.
Der Arnistausee entstand in den Jahren 1908–1912, wurde doch der Talboden durch zwei kleine Staumauern abgesperrt.
Beim See folgt man dem durch einen Wegweiser angegebenen breiten Weg.
Bei der Wasserfassung zweigt der Weg ab und steigt hinauf auf die erste Talstufe. Der Wanderer findet in diesem Teilstück des Leutschachtales eine Tafel, die auf den geometrischen Mittelpunkt des Kantons Uri hinweist. Man folgt nun dem Weg über *Heitersbüel* auf der rechten Bachseite, überquert diesen bei Pt. 1662 und steigt über die Alp *Furt* hinauf zum Nidersee und zur *Leuchtschachhütte*.

Besteigungen
Krönten, Mäntliser, Ruchen, Mittelstock, Wichelhorn, Saaspass–Gorneren-pass: Zwächten, Gross- und Chli Spannort.

Übergänge
Leidseepass ins Erstfelder Tal, Ruchenpass zur Kröntenhütte, Wichelpass ins Schindlachtal, Saaspass ins Gornerental, Saaspass–Gornerenpass–Schlossberglücke zur Spannorthütte.

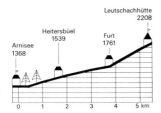

53 Sewenhütte

Sektion Pfannenstiel, 60 Plätze, Hüttenwart während der Saison.
℘ 044 6 58 72.

Route	Höhe in m	Hinweg	Rückweg
Wassen	916	–	4 Std.
Färnigen	1455	3 Std.	1 Std. 30 Min.
Sewenhütte	2144	5 Std.	–

Von *Wassen* (S. 119) folgen wir der alten Passstrasse über Husen und Dörfli nach *Färnigen*. Hier benützt man den alten Sustenweg noch ca. 500 m und steigt dann zur neuen Sustenstrasse empor. Ein Wegweiser beim kleinen Parkplatz weist in nördlicher Richtung auf den Hüttenweg. Vorerst führt der Weg durch den Wald, später über Alpweiden hinauf zur Alp Rieter (1891 m). Über offenes Gelände sind in nordnordwestlicher Richtung Wegspuren sichtbar bis auf die Höhe der Sewenhütte.

Heute wird meistens der neue Hüttenweg benützt, der bei der Kreuzung des Gorezmettlenbaches mit der Sustenstrasse beginnt und die Hütte in der gleichen Zeit erreicht. Der Weg führt vorerst durch den Wald und später im offenen Gelände steil hinauf zur *Sewenhütte*.

Besteigungen
Hoch Sewen, Bächenstock, Miesplanggenstock.
Übergänge
Bächenstock–Zwächten–Kröntenhütte–Erstfeldertal; Rotbergli–Gornerental–Gurtnellen; Bächenstock–Zwächten–Schlossberglücke–Spannorthütte–Engelberg.

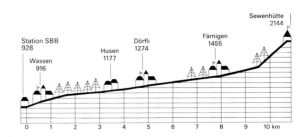

54 Sustlihütte

Sektion Rossberg, 100 Plätze, Hüttenwart Juni bis September.
℘ 044 6 57 57.

Route	Höhe in m	Hinweg	Rückweg
Chli Sustli 🚌	1907	–	30 Min.
Sustlihütte	2257	1 Std.	–

Von der Postautohaltestelle Sustenbrüggli *Chli Sustli* folgt man dem Hüttenweg entlang dem Sustlibach. Weiter oben zweigt der Weg nach rechts ab. Wir benützen diesen gut markierten Weg, der weit ausholend zur *Sustlihütte* führt.

Nebenroute
Von Wassen über Husen–Dörfli–Färnigen bis Pt. 1613 Fleschboden (siehe Route 43). Hier benützen wir bis zur Abzweigung des Hüttenweges die Pass-Strasse. Immer ansteigend erreichen wir über Hochstalden und Tagweidli die Sustlihütte.

Besteigungen
Sustenlochspitz, Wendenhorn, Fünffingerstöck, Grassen, Trotzig–Wichelplanggstöck, Murmetsplanggstock, Kanzelgrat.
Übergänge
Über Stössensattel und Wendenjoch (Grassenbiwak) nach Gadmen oder Engelberg, über Bärenzahn nach der Kröntenhütte, über Guferjoch und Sustenlochfirn nach dem Sustenpass, über Wichellücke nach Hohbergtal–Gorez Mettlen–Färnigen.

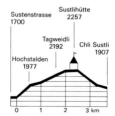

55 Salbithütte

Sektion Lindenberg, 60 Plätze, Hüttenwart Frühling bis Herbst Samstag/Sonntag, ℘ 044 6 54 31.

Route	Höhe in m	Hinweg	Rückweg
Göschenen 🚂 🚌	1102	–	2 Std.
Abfrutt	1165	30 Min.	1 Std. 30 Min.
Regliberg	1680	1 Std. 30 Min.	45 Min.
Salbithütte	2105	3 Std.	–

Dieser Weg führt von *Göschenen* (S. 111) auf der Sonnenseite des Göscheneralptales steil in vielen Windungen vorerst durch leichten Jungwuchs übers Ulmital und später im Bergwald zum *Regliberg*. Bis hierher ist es möglich, das Gepäck mit einer Seilbahn zu transportieren. Von Pt. 1680/Regliberg geht es vorerst auf dem gut markierten Hüttenweg durch den dichten Tannenwald, später durch den Jungwald bis hinauf auf die Höhe von Grueben. Jetzt halten wir uns ans letzte Teilstück des Weges, das hinauf zur den Kletterern und Alpinisten als Ausgangspunkt für anspruchsvolle Touren dienenden *Salbithütte* führt.

Besteigungen
Salbitschijen, Chüeplanggenstock, Rorspitzli, Schwarz Stock, Meiggelenstock.
Übergänge
Meiggelenlücke ins Rortal, über Kartigel nach dem Meiental.

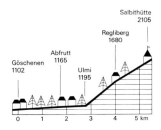

56 Voralphütte

Sektion Uto, 30 Plätze, Hüttenwart im Sommer Samstag/Sonntag.
Die von einer Lawine zerstörte Hütte wird 1989/90 neu erstellt.

Route	Höhe in m	Hinweg	Rückweg
Voralp 🚂	1404	–	2 Std. 15 Min.
Mittwald	1659	1 Std.	1 Std. 30 Min.
Horefelli	1786	1 Std. 45 Min.	1 Std.
Voralphütte	2126	3 Std.	–

Man überquert die Voralpreuss bei *Voralp* und folgt dem in vielen Kehren steil ansteigenden Weg den Wald hinauf immer links der Voralp bis *Mittwald*. Nach Überwindung der ersten anstrengenden Teilstufe führt der Weg flacher am meist steilen Beghang entlang. In den vom Salbitschijen herkommenden Runsen und Schuttkegeln wird der Weg undeutlich. Er bleibt stets nahe beim Bach auf der östlichen Talseite bis *Horefelli*, wo ein heute selten begangener Weg den Bach überquert. Wir bleiben auf der linken Bachseite und überwinden die nächste Steilstufe bis Bodmen. Trotz der Enge des Tales bietet der Weg an verschiedenen Stellen romantische Ausblicke ins Göscheneralptal. Das letzte Teilstück bietet keine besondere Schwierigkeiten, ist doch der Weg gut markiert und nicht mehr allzu steil bis zur Voralphütte. Im Frühling halte man sich auf dem unteren Teil des Weges vor allem im Wald an den Sommerweg und folge weiter oben immer dem Bachbett.

Besteigungen
Fleckistock, Stucklistock, Winterberg, Chüeplanggenstock, Salbitschijen, Sustenhorngruppe.
Übergänge
Über Sustenjoch zum Sustenpass, über Chelenalp zur Chelenalphütte.

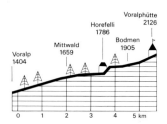

57 Bergseehütte

Sektion Angenstein, 56 Plätze, Hüttenwart Juni bis Oktober.
✆ 044 6 54 35

Route	Höhe in m	Hinweg	Rückweg
Göschenen 🚂 🚌	1102	–	3 Std. 15 Min.
Staudamm 🚌	1797	2 Std. 30 Min.	1 Std. 15 Min.
Bergseehütte	2370	4 Std. 30 Min.	–

Von *Göschenen* (S. 111) durchs Göschener Tal bis zum *Staudamm* (Hotel Dammagletscher). Vom Hotel (Wegweiser) benützt man den guten Fussweg auf dem flachen, sumpfigen Boden vom Berg. Genau südlich vom Bergseeschijen wendet man sich nach Norden und folgt dem Weg den steilen Hang hinauf zum Kreuz, wo es nicht mehr weit ist zum *Bergsee* und zur *Hütte*.

Besteigungen
Hoch Horefellistock, Schijenstock, Bergseeschijen, Hochschijen.
Übergang
Zwischen Schijenstock und Bergseeschijen ins Voralptal.

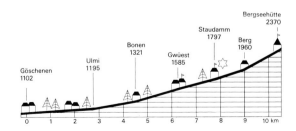

58 Chelenalphütte

Sektion Aarau, 80 Plätze, Hüttenwart im Sommer über Wochenende 1. Juli bis 15. September, Notfunkanlage. Kein Telefon.

Route	Höhe in m	Hinweg	Rückweg
Staudamm Göscheneralpsee	1797	–	2 Std. 15 Min.
Vorder Röti	1813	1 Std. 30 Min.	1 Std. 30 Min.
Hinter Röti	1941	2 Std. 15 Min.	1 Std.
Chelenalphütte	2350	3 Std. 30 Min.	–

Vom Parkplatz beim Hotel vor dem *Staudamm* (Wegweiser) benützt man den guten Fussweg rechts hinauf auf die flache Talstufe. Wir folgen nun dem gut angelegten Fussweg über den flachen sumpfigen Boden, immer dem Berghang entlang, ans westliche Ende des Stausees. Nun benützt man den durch einen Wegweiser bezeichneten Pfad, immer links der Chelenreuss leicht steigend über *Vorder Röti* und *Hinter Röti*. Entlang dem Hüttenweg findet der Wanderer viele Steinmännchen und farbige Wegzeichen. Diese Wegzeichen sind besonders bei trübem Wetter und Nebel von grosser Bedeutung. Direkt unterhalb der Hütte trifft man auf einen grossen markanten Steinmann (Pt. 2127.8). Von hier steigt der Weg in vielen Kehren über die letzte Steilstufe hinauf zur *Chelenalphütte*.

Besteigungen
Sustenhorn, Gwächtenhorn, Tierberge, Eggstock, nördliche Winterberge.

Übergänge
Über Sustenlimi nach Tierberglihütte, über Sustenlimi zwischen Tierbergen nach Trift- oder Windegghütte, Bergseehütte.

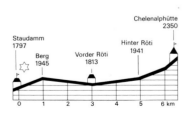

59 Dammahütte

Sektion Pilatus, 30 Plätze, Hüttenwart Juni bis Mitte Oktober, Samstag/Sonntag. ℘ 044 6 57 81.

Route	Höhe in m	Hinweg	Rückweg
Staudamm Göscheneralpsee	1797	–	2 Std. 15 Min.
Vorder Röti	1813	1 Std. 30 Min.	1 Std.
Dammareuss	1940	2 Std.	45 Min.
Dammahütte	2438	3 Std.	–

Vom Parkplatz beim Hotel vor dem *Staudamm* (Wegweiser) benützt man den guten Fussweg rechts hinauf auf die flache Talstufe. Wir folgen nun dem gut angelegten Weg immer dem Berghang entlang über den ebenen Boden bis ans Ende des Stausees.
Man überschreitet die Chelenreuss, wonach sich der Weg nach Süden wendet. Er führt zur *Dammareuss,* dieser entlang bis auf etwa 1970 m, wo er sich nach Nordwesten zum alten Hüttenweg emporwindet. Diesem folgt man alsdann bis zur *Dammahütte.*

Nebenroute
Ein etwas kürzerer Weg führt mit Gegensteigungen am südlichen Stauseeufer entlang zur Dammareuss, wo man auf den oben beschriebenen Weg trifft. Diese Variante ist jedoch im Frühsommer wegen Schnee- und Steinschlag sowie nach starken Gewittern nicht ratsam.

Besteigungen
Moosstock, Eggstock, Schneestock, Dammastock, Damma-Zwillinge, Tiefenstock, Winterstock, Lochberg, Gletschhorn, Rhonestock.
Übergänge
Über Dammajoch, Dammapass oder Winterjoch zum Rhonegletscher, über Winterlücke nach der Albert-Heim-Hütte.

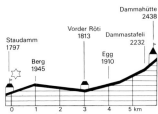

Hüttenwege 104

60 Albert-Heim-Hütte

Sektion Uto, 100 Plätze, Hüttenwart Juli bis September. ℘ 044 6 77 45.

Route	Höhe in m	Hinweg	Rückweg
Realp 🚂 🚌	1538	–	2 Std. 30 Min.
Lochberg	2053	1 Std. 30 Min.	1 Std. 15 Min.
Albert-Heim-Hütte	2541	3 Std.	–

Bei der Lawinenschutzmauer am Dorfeingang von *Realp* führt ein Fussweg hinauf bis zum Schutzwald. Der vorerst breite Weg windet sich in vielen Kehren, oben durch die Lawinenverbauungen. bis zum *Lochberg*. Bei der Wasserführung erreichen wir den Urschner-Höhenweg. Nun folgen wir diesem Weg immer in nordwestlicher Richtung zum flachen Talboden von Saas und hinauf zur *Albert-Heim-Hütte*.

Nebenroute
Bei der Postautohaltestelle Tiefenbach führt der Weg zwischen den Gebäulichkeiten empor auf die breite Militärstrasse. Dieser folgen wir bis zum Tätsch, einer Aussichtsterrasse mit Einblick ins Urschnertal. Dieses Teilstück gilt ebenfalls als Urschner-Höhenweg. Beim Wegeiser an der Fahrstrasse steigen wir nun auf dem breiten Hüttenweg empor über Pt. 2395, die Hütte immer im Blickfeld. Das letzte Wegstück ist etwas steiler und führt durch Felspartien zur Albert-Heim-Hütte.

Besteigungen
Bielenhorn, Galenstock, Tiefenstock, Dammastock, Damma-Zwillinge, Gletschhorn, Winterstock, Lochberg, Blauberg.
Übergänge
Über Tiefensattel zum Rhonegletscher, über Winterlücke nach der Dammahütte, über Bielenlücke zur Furka, über Lochberglücke nach Göscheneralp.

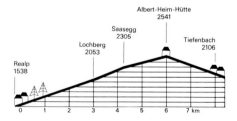

61 Rotondohütte

Sektion Lägern, 76 Plätze, Hütte ist das ganze Jahr bewartet. ℘ 044 6 76 16.

Route	Höhe in m	Hinweg	Rückweg
Realp 🚂 🚌	1538	–	2 Std. 30 Min.
Hinter Schweig	1739	45 Min.	1 Std. 45 Min.
Oberstafel	2220	2 Std. 30 Min.	45 Min.
Rotondohütte	2571	3 Std. 30 Min.	–

Von *Realp* benützt man das Strässchen, das ins Witenwasserental führt. Jeder Wanderer ist gut beraten, wenn er die jeweils in Realp angeschlagenen Schiessanzeigen liest oder sich erkundigt, ist doch das Tal oft durch das Militär mit Schiessübungen belegt und in Zeitintervallen gesperrt. Anfänglich wandern wir entlang der Witenwasserenreuss, überqueren bei Pt. 1603 die Furkareuss und erreichen, stets leicht steigend, die Hütten *Hinter Schweig* und später Ebnen. Um sich einen längeren Fussmarsch auf der Strasse zu ersparen, benützt man ab Ebnen den Fussweg bis Pt. 1969. Von hier sind wir auf der Fahrstrasse bis zur Alp *Oberstafel.* Nun beginnt die eigentliche Steigung. Der gut markierte Weg vereinigt sich ungefähr auf halber Höhe mit dem Fussweg, der bei Pt. 2155 abzweigt, und führt immer am Talhang entlang auf die Höhe zur *Rotondohütte*.

Besteigungen
Pizzo Rotondo, Chüebodenhorn, Witenwasserenstock, Lekkihorn, Pizzo Pesciora, Piz Lucendro, Mutterhörner, Saashörner.
Übergänge
Über Cavannapass ins Bedrettotal, über Leckipass nach Muttenstafel und Furka, über Passo di Rotondo nach All'Acqua, über Witenwasserenpass–Gerental nach Oberwald, oder Gross-Muttenhorn nach Oberwald.

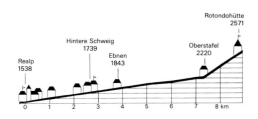

62 Vermigelhütte

Sektion Zofingen, 50 Plätze, Hüttenwart: nur auf Anfrage. ✆ 044 6 77 73.

Route	Höhe in m	Hinweg	Rückweg
Andermatt 🚂 🚌 ⛵	1444	–	2 Std. 30 Min.
Vermigelhütte	2047	3 Std.	–

Von *Andermatt* aus erreicht man die Vermigelhütte durchs langgezogene Unteralptal. Dem Wanderer stehen zwei Möglichkeiten offen, das erste Teilstück bis Rohr bzw. Mur zurückzulegen. Wer die Oberalpstrasse wählt, biege oberhalb Andermatt in die neue asphaltierte Güterstrasse ein und benütze diese bis Rohr/Mur. Wer es vorzieht, auf Naturwegen zu wandern, der steige hinauf zur Maria-Hilf-Kapelle, die auf einer Anhöhe ob Andermatt steht. Von hier erreicht man dem westlichen Talhang entlang bequem Mettlen und Fruttboden. Dieses Wegstück ist bis in den Sommer hinein in den Tälern von Lawinenschnee überdeckt, und es ist entsprechende Vorsicht geboten. Beide Wege vereinigen sich kurz hinter Mur (1583 m). Nun führt der Weg durch den Talboden, immer rechts der Unteralpreuss, stets steigend nach Spunn. Die Fahrstrasse überwindet die letzten sanften Talstufen, und ein kurzes steiles Wegstück führt uns zur neuen *Vermigelhütte*.

Besteigungen
Gemsstock, Rothorn, Rotstock, P. Centrale, P. Prevat, Giübin, P. Barbarera, P. Alv, P. Borel, Badus, La Rossa.
Übergänge
Lolenpass, Maighelspass, Bassa della Rossa, Unteralppass, Sellapass.

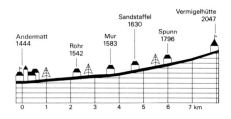

▶ **Alte Alpgasse Intschi–Arni bei Oberintschi. Solche Gassen resp. Wege sind typisch in genutzten Gebieten, hindern doch die Lesesteinmauern Mensch und Tier daran, den Weg zu verlassen und in der Weide oder Alpland Schaden anzurichten.**

Heimatkundliche Notizen 108

Alpkorporationen
Die Besiedlungsgeschichte des Landes Uri hängt stark mit der Geschichte des Waldes und der Alpen zusammen. Die ersten Ansiedler, die in das Land eindrangen, bauten an den Flussläufen im Tal Siedlungen. In der Folge schlossen sie sich zu einer Volksgemeinschaft als Marktgenossenschaft zusammen. Der Wald und die Alpen blieben im Besitz der Marktgenossenschaft als Allmend, die bis heute gemeinschaftlich genutzt wird. Durch die Alp- und Holzrechte zieht der Koroporationsbürger grossen Nutzen aus der Korporation, kann er doch sein Vieh gegen kleines Entgelt sömmern und für wenig Geld das benötigte Holz beziehen.

Altdorf
Der Flecken Altdorf hat noch heute als Markt- und Kantonshauptort wirtschaftliche und politische Zentrumsfunktion. Eine Vielzahl von stattlichen Steinbauten, die breiten Gassen und die zahlreichen steinernen Brunnenstöcke verleihen Altdorf ein durchaus stadtmässiges Aussehen, und schon im 16. Jh. wurde die typische «italienitá» als besonderer Vorzug des Fleckens bezeichnet.
An der Hauptstrasse wechselten die repräsentativen Herrenhäuser der Magistraten auf engstem Raum mit einfachen Bürgerhäusern sowie mit Werkstätten der Handwerker und Gewerbetreibenden. Quellen des relativen Wohlstandes waren in früheren Zeiten der fremde Kriegsdienst und die Stellung Altdorfs als Drehscheibe im Gotthardtransit. Trotz mehrmaliger Zerstörung durch Brandfälle – letztmals 1799, als von 269 Wohngebäuden lediglich 14 erhalten blieben – hat sich an der Grundrissanlage des Dorfes grundsätzlich wenig geändert. Erst als im Zuge des Gotthardbahnbaus zwischen dem Dorfkern und dem Bahnhof eine geradlinige Verbindungsstrasse entstand, setzte eine vom Zentrum gegen den Bahnhof hin gerichtete Bautätigkeit ein.
Unter den noch bestehenden öffentlichen Gebäuden ragen heraus: das Fremdenspital am Gemeindehausplatz (15. Jh.), das Rathaus, das mittelalterliche, 1694 bemalte Türmli mit dem Telldenkmal von 1895, das Zeughaus und das ehemalige Kornmagazin auf dem Schächengrund. Besondere Beachtung verdienen die Kirchenbauten, unter denen zunächst das an aussichtsreicher Lage über dem Dorf gelegene Kapuzinerkloster ins Auge sticht. 1581 als erstes Kapuzinerkloster nördlich der Alpen gegründet, wurde es vom alten Land Uri unterhalten und ist heute im Besitz der Korporation Uri. Das Frauenkloster St. Karl wurde 1677 erbaut, nachdem das Kloster in Attinghausen 1676 ein Raub der Flammen geworden war und die Nonnen bei der Kapelle zum Oberen Heiligen Kreuz 1615 Unterkunft gefunden hatten. Als ergänzendes Gegenstück zu diesem Kirchenbau markiert die Kapelle beim Unteren Heiligen Kreuz das nördliche Ende des Dorfbereichs im engeren Sinn. Die Pfarrkirche St. Martin steht an der Stelle, wo um das Jahr 700 das erste Gotteshaus errichtet wurde. Die Wiederherstellung im klassizistischen Stil besorgte nach dem Dorfbrand von 1799 der Freiämter Baumeister Josef Rey.
Der alte Dorfkern ist durch historische Rundgänge vorbildlich erschlossen, und das Museum gewährt interessante Einblicke in Geschichte und Kultur des Urnerlandes.

Attinghausen
Das Dorf Attinghausen dehnt sich über den breiten Geschiebefächer aus, den der Chummetbach am linken Rand des Reusstales abgelagert hat. In Attinghausen befin-

det sich die bedeutendste Burganlage Uris, die als Stamm- und Wohnsitz der Freiherren von Attinghausen eng mit der Gründungsgeschichte der Eidgenossenschaft verbunden ist. Weitere Burgstellen (Burgli, Schatzbödeli, Schweinsberg) belegen, dass diesem Ort im Mitttelalter eine ungleich grössere Bedeutung zugekommen sein muss. Offenbar führte hier der linksufrige Talweg vorbei; über den genauen Verlauf der mittelalterlichen Verkehrsrouten ist jedoch wenig bekannt.

In Attinghausen beginnt der Anstieg zum Surenenpass, über den von Uri aus schon sehr früh die jenseits der Wasserscheide gelegene Alp Surenen bestossen wurde. Dieser Vorstoss über die natürlichen Grenzen hinaus führte im 13. und 14. Jh. zu heftigen, zum Teil gewalttätigen Auseinandersetzungen mit dem Kloster Engelberg.

Axenstrasse
Vor dem Bau der Axenstrasse und der Gotthardbahn war der Weg über Morschach die einzige gefahrlose und brauchbare Landverbindung aus dem Gebiet von Schwyz–Brunnen nach Sisikon. Von Uri her war Sisikon nur auf mühevollen Bergpfaden, über Gruontal–Axen, erreichbar, der leichteste Zugang war stets vom See her. Bereits in den dreissiger Jahren des 19. Jh. entwarf der Urner Ingenieur Carl Emanuel Müller, der Erbauer der Gotthardstrasse, den Plan einer Strassenverbindung zwischen Brunnen und Flüelen. Es fehlte nur dieses kleine, aber äusserst wichtige Teilstück, um einen durchgehenden Wagenverkehr über den Gotthard zu ermöglichen. Trotzdem wurde die Axenstrasse erst in den Jahren 1862–1865 erbaut, wobei die verhältnismässig geringen Kosten von einer Million Franken von den daran beteiligten Kantonen Uri und Schwyz bestritten wurden. Die Axenstrasse galt zu dieser Zeit als eine der kühnsten Strassen, und wir staunen heute noch über die grossartige Anlage dieser Felsenstrasse. Erst in neuerer Zeit erfolgte die Asphaltierung und die für uns Wanderer so wichtige Erstellung eines Trottoirs.

Bauen
Bauen ist punkto Ausdehnung und Bevölkerung die kleinste Gemeinde des Kantons Uri. Das milde Klima lässt hier mit Tessiner Palmen und Feigen bereits eine südliche Vegetation gedeihen.
Die Wohlhabenheit der Bewohner findet ihren Niederschlag sowohl in den stattlichen, häufig mit gemalten oder geschnitzten Verzierungen versehenen Wohnhäusern, als auch in der ansehnlichen, reichausgestatteten Pfarrkirche (1810/12). Gleich neben der Kirche steht das Zwyssig-Denkmal, das in Erinnerung an den aus Bauen gebürtigen Pater Alberik Zwyssig, dem Komponisten des Schweizer Psalms, im Jahre 1901 errichtet wurde.
Mit der regelmässigen Dampfschiffverbindung (seit 1874) entwickelte sich Bauen zu einem beliebten Ausflugs- und Kurort, der erst seit dem Bau der Verbindungsstrasse von Bauen nach Seedorf um 1956 mit Fahrzeugen erreichbar ist.

Bürglen
Mit Altdorf, Silenen und Urseren gehört das erstmals im Jahr 857 urkundlich erwähnte Bürglen zu den vier alten Landespfarreien. Diese Pfarrei umfasste die Filialen Schattdorf, Spiringen und Unterschächen, die im 16. und 17. Jh. selbständig wurden. An die Feudalzeit erinnern die vier mittelalterlichen Türme, von denen nur noch der nördlich-

ste, an der Strasse gelegene in verhältnismässig unverändertem Zustand erhalten geblieben ist. Der Turm zwischen Gasthaus Adler und dem Sigristenhaus wurde 1969 in die ursprüngliche Dimensionierung zurückversetzt und beherbergt heute das Tellmuseum. Die zwei restlichen Türme sind bis zur äusseren Unkenntlichkeit in Wohnhäuser integriert worden. Die Reste des westlichen Turmes stecken im Hotel Tell, jene des nordöstlichen im Pfarrhof.
In Bürglen finden sich einige hervorragende Beispiele von herrschaftlichen Wohnsitzen der ländlich-bäuerlichen Oberschicht: das Spielmatthaus von Ritter Peter Gisler (1609), das Haus in der Balmermatte (1633) und das Haus in der Belimatt (1834). Die barocke Kirche entstand 1682/83 unter der Leitung des späteren Pfarrherrn Johann Jakob Scolar.
Nach kurzem Anstieg gelangt man von Bürglen aus zur Wallfahrtskapelle im Riedertal. Mit den eindrücklichen Fresken, die das Weltgericht und die Passionsgeschichte darstellen, ist das Schiff dieser Kapelle der stilreinste Renaissanceraum in Uri (lt. Reinle).
Bei der gewölbten Steinbrücke 1582 des alten Klausen-Saumpfades in Brügg beginnt der historische Pfad, auf dem der russische General Suworow 1799 mit seiner Armee über den Chinzigpass ins Muotatal zog.

Erstfeld
Die Ortschaft ist weitherum bekannt als sogenanntes Eisenbahnerdorf. Dem Bahnhof Erstfeld kommt grosse Bedeutung zu, weil hier die eigentliche Gotthardrampe mit einer durchschnittlichen Steigung von 26 $^0/_{00}$ beginnt.
Erstfeld bildete früher kein klar abgegrenztes Dorf, sondern bestand aus vereinzelten Häusergruppen: im Wiler, beim Gasthaus Kreuz in der Klus, bei der Kirche, im Taubach und in Ripshausen. Die erstmalige, dauerhafte Besiedlung ist im 8. Jh. datiert (alemannische Landnahme). Erst die Aufnahme des Bahnbetriebes führte zu einer massiven Ausdehnung des Siedlungsraumes. Der Siedlungsschwerpunkt verlagerte sich auf die Ostseite der Reuss, wo ein ausgeprägtes Strassendorf entstand.
1477 wurde Erstfeld eine selbständige Pfarrei. Wesentlich älter als die heutige Pfarrkirche ist die frühbarocke Jagdmattkapelle (1637), die auf historisch bedeutsamem Boden steht. Als ältestes Zeugnis der Besiedlung im Gebiet von Erstfeld wurde hier ein prähistorisches Grab entdeckt, aus dem den interessierten Durchreisenden bis vor kurzem ein Bronzedolch und Gebeine gezeigt wurden. Die blendendweisse Jagdmattkapelle war früher das Ziel einer Landeswallfahrt, die politischen Charakter hatte: Nach dem feierlichen Gottesdienst versammelten sich die Teilnehmer, um eine sogenannte «Bezirksgemeinde» abzuhalten; dabei wurden die Traktanden der ordentlichen Landsgemeinde vorbesprochen.
Im Jahr 1962 wurde bei Bauarbeiten ein keltischer Goldschatz gefunden, der die hervorragende Goldschmiedekunst der Kelten eindrücklich illustriert. Der Fund, der im Hinblick auf die Begehung des Gotthardpasses in prähistorischer Zeit neue Perspektiven eröffnete, wird im Schweizerischen Landesmuseum aufbewahrt.

Flüelen
Die älteste Erwähnung von Flüelen datiert von 1266. Die Ortschaft entwickelte sich in engstem Zusammenhang mit der Schiffahrt auf dem Vierwaldstättersee. Herausragende Bedeutung erhielt Flüelen als Sitz des Reichszolls und wurde bald zu einem

wichtigen Etappenort und Güterumschlagplatz im Saumverkehr. Aus dieser Funktion heraus bildete sich im Dorf die «Flüeler Schiffleutegesellschaft», deren Ordnungen noch erhalten sind und interessante Aufschlüsse über die Abwicklung des Schiffsverkehrs vermitteln.
Ansehnliche Wirtshäuser, Gewerbebetriebe, Werkstätten und Stallungen gaben dem Dorf sein Gepräge. Vom Hauptländeplatz, der wohl bereits um 1400 vom oberen Seeufer in den heutigen Dorfbereich verlegt wurde, führte die Landstrasse (heute Dorfstrasse) nach Altdorf. Mit der Seeaufschüttung vor der Kirche 1848-1852) und dem Bau der Axenstrasse (1863-1865) erfuhr der Hafenbereich eine bedeutende Umgestaltung. Der gesamte alte Uferverlauf mit den historischen Hafenbecken verschwand endgültig unter den Aufschüttungen der Dammanlage für die Gotthardbahn.
Die alte Pfarrkirche, die mit ihrem kleinen Friedhofareal früher unmittelbar an den See grenzte, wurde 1663/64 von Maurermeister Anton Burtschert aus Feldkirch errichtet. Die neue Kirche auf dem Grundbüel, vom Architekten Paul Siegwart 1912 erstellt, ist das einzige Beispiel zukunftsweisender Kirchenarchitektur der damaligen Zeit in Uri. Bemerkenswert sind die Dekorationen im Jugendstil und die Malereien aus der Beuroner Schule.
Der charakteristische weltliche Bau Flüelens, das Schlösschen Rudenz, verdankt seinen Ursprung wohl der Reichszollstätte, die erstmals 1313 urkundlich überliefert ist. Die Burg diente in der Folge mehreren Magistratenfamilien als herrschaftlicher, standesgemässer Wohnsitz.

Göschenen (Göscheneralp)
Göschenen wird erstmals 1290 urkundlich erwähnt. Wichtigstes Relikt des mittelalterlichen Saumpfades ist die Zollbrücke im alten Dorfkern; sie wurde 1556 neu erstellt. Mit der Verlegung der Zollstätte nach Wassen verlor Göschenen im 17. Jh. vorübergehend seine Bedeutung als Etappenort des Transitverkehrs.
Der Bau der Kunststrasse in den zwanziger Jahren des 19. Jh. hatte für das Siedlungsbild von Göschenen gravierende Folgen, denn die Fahrstrasse führte, trotz heftiger Proteste der Bewohner, abseits des alten Dorfkerns vorbei.
Einen gewissen Aufschwung erlebte Göschenen mit dem Postkutschenverkehr. Dann folgte 1872 bis 1882 der Bau des Gotthardtunnels. Im Jahre 1880 zählte Göschenen 2992 Einwohner, achtmal mehr als 1866. Göschenen war damit die grösste Ortschaft im Kanton Uri. Dieser Zeit der Umwälzung und der sozialen Spannungen folgten die Krisenjahre nach Beendigung des Bahnbaus. Als einzige Möglichkeit blieb vielen Einwohnern nur der Entschluss zur Abwanderung.
Die Göscheneralp, die noch um 1900 von 30 bis 40 Personen bewohnt war, wurde der Elektrizitätswirtschaft geopfert: 1963 war der Damm des Stausees vollendet; Häuser und Kapellen versanken als «Geisterdorf» in den Fluten.
Der Erddamm, welcher den Stausee nach Osten abriegelt, ist ein gewaltiges Werk. Er ist über 500 m lang und am Fuss 700 m stark; mit Opalinus-Ton ist er im Kern verdichtet, damit er den 75 Mio m^3 Wasser bei Vollstau standhalten kann. Er wurde in den Jahren 1955 bis 1961 errichtet. Das Wasser des Göscheneralpsees fliesst am südlichen Talhang durch einen 7 km langen Druckstollen nach Rötiboden, hoch über Göschenen, und von dort in einen gepanzerten Druckschacht von 3 m Durchmesser zu den Turbinen in der Zentrale Göschenen.

Heimatkundliche Notizen 112

Gurtnellen (Dorf, Wiler)
Bis zum Jahre 1902 gehörte Gurtnellen zur Pfarrei Silenen. Für das am alten Gotthardsaumpfad gelegene, ehemals landwirtschaftlich geprägte Dorf war der Bau der Gotthardbahn von einschneidender Bedeutung. Der Ortsteil Wiler erfuhr in der Folge eine massive Erweiterung durch den Bau von Wohnhäusern, Schulen und Gewerbebetrieben. Der Siedlungsschwerpunkt verlagerte sich vom nun abseits gelegenen Gurtnellen-Dorf nach Wiler (Station).
Als wichtiges Relikt des alten Gotthardweges auf Gurtnellen Gebiet ist die Wegkapelle. St. Anna im Wiler erhalten geblieben, unter deren Vordach sich der Saumpfad hinzog. Die Berggemeinde Gurtnellen war, wie ein Blick in die Chronik zeigt, seit jeher in besonderem Masse den Naturgewalten ausgeliefert. Im Lawinenkataster sind für Gurtnellen allein 53. Lawinenzüge verzeichnet. Das letzte grosse Lawinenunglück vom 31.1.1942 ist bis heute in erschreckender Erinnerung geblieben. Wenn man von Gurtnellen an die Hänge des Geissbergs hinaufblickt, gewahrt man grossangelegte Lawinenverbauungen. Das Dorf Gurtnellen ist äusserst lawinengefährdet. Es sind immer wieder Schadenlawinen aufgetreten, welche Opfer an Menschen forderten und bedeutenden Sachschaden anrichteten. In der eigentlichen Gefahrenzone leben zur Zeit 215 Personen, und weitere 170 Personen kreuzen sie auf Kirch- und Schulweg. Von 1958 bis heute wurden mehrere Millionen Franken investiert, um mit Verbauungswerken aus Stahl und Beton die winterlichen Schneemassen zu halten. Bis auf 2000 m ü.M. wird der Steilhang wieder aufgeforstet, und man erwartet, dass in ungefähr 150 Jahren wieder funktionstüchtiger Schutzwald vorhanden sein wird.
Geologisch gesehen betritt man in Gurtnellen die nördliche Abdachung des Aaremassivs. Im allgemeinen sind dort geschieferte Granite vorhanden, in Gurtnellen eher massige. Etwas unterhalb der Kirche Gurtnellen beginnen die typischen metamorphen Gesteine Biotitschiefer und Gneis. Zwischen Schipfenberg und Schwanden durchstreift man zwei schmale Bänder von Quarzporphyr und von paläozoischen Sedimenten (Karbon/Perm). Nördlich der Intschialp befinden wir uns im Bereich des Erstfeldergneises mit einer etwas unruhigeren Struktur; sowohl Ortho- wie Paragneise kommen hier vor.

Isenthal (Isleten)
Die Gemeinde Isenthal liegt recht abgeschieden und isoliert über der westlichen Seite des Urnersees und war früher nur über steile und gefährliche Wege erreichbar. Diese Situation änderte sich erst mit der Realisierung der kühn angelegten Fahrstrasse (1901).
Bis 1621 gehörte Isenthal kirchlich zu Seedorf. Damals erfolgte die vollständige Ablösung, wobei die Entfernung zu Seedorf und die Beschwerlichkeit des Kirchweges eine wichtige Rolle spielten. Die klassizistische Pfarrkirche St. Theodul stammt aus dem Jahr 1821 und stellt die unbestrittene Ortsdominante dar.
Die ausgedehnten Waldungen und einige Eisenerzvorkommen begünstigten im 16. Jh. die Aufnahme der Bergbautätigkeit durch die Familie Madran. Entsprechende Nutzbauten zur Verarbeitung des Eisenerzes entstanden an der Isleten. 1770 wurde im Isenthal der letzte Wolf, 1820 der letzte Bär im Kanton Uri geschossen.
Die Isleten diente vorerst als Hafenplatz der Isenthaler, die hier eine Sust und entsprechende Hafenanlagen unterhielten. Im Zusammenhang mit der Eisenerzgewinnung im

Isental entstanden im 16. Jh. die ersten gewerblichen Nutzbauten. 1834 bestanden zwei Sägemühlen und ein Wohnhaus. Im Jahre 1851 erfolgte die Einrichtung einer Papierfabrik durch den Ingenieur und Unternehmer Carl Emanuel Müller. Dieses mächtige Bauwerk ist das älteste noch erhaltene Fabrikgebäude im Kanton.
Im Zusammenhang mit dem Bau der Gotthardbahn wurde die Papierproduktion an der Isleten durch eine Dynamitfabrik abgelöst. Die abseitige Lage und die günstigen Transportmöglichkeiten über den See liessen diesen Standort als geeignet erscheinen.
Mit dem Bau der Verbindungsstrasse Seedorf–Isleten (1952) hat die Isleten ihre ursprüngliche Funktion als Hafen und Lagerstätte weitgehend verloren.

Maderanertal
Der Name des Tales leitet sich ab von der Bergherrenfamilie der Madran, die aus Madrano bei Airolo einwanderte und 1509 das Urner Landrecht erhielt.
Während der folgenden Jahrhunderte wurde an der Windgälle Eisenerz abgebaut, im Tal geschmolzen und in Amsteg weiterverarbeitet. Aus dieser Zeit ist der eindrucksvolle Schmelzofen in Hinterbristen erhalten geblieben; die Restaurierung erfolgte 1965/66.
Das grösste Kapital des Maderanertales besteht aber in seiner grossartigen Naturlandschaft. Noch heute gilt die Feststellung des Urner Naturforschers Karl Franz Lusser: «Freunde sowohl anmuthiger, als wild erhabener Alpennatur, Landschaftszeichner, Naturforscher, besonders Botaniker, Entomologen und Geognostiker werden nicht unbefriedigt aus diesem Thale zurückkehren.» Dies macht verständlich, dass der Tourismus, wenn auch in bescheidenen Ausmassen, vor dem Maderanertal nicht Halt machte. Ins Jahr 1865 fällt die Eröffnung des Kurhauses auf Balmenegg, das etwa 1880 niederbrannte, aber wiederaufgebaut wurde. Es wurde unter dem Namen «zum Schweizer Alpenclub» geführt, blieb jedoch von dieser Organisation unabhängig. Das hauptsächlich von englischen und deutschen Touristen frequentierte Kurhaus verfügte über Wäscherei, Glätterei, Bäckerei, Kegelbahn, Post und Tanzsaal. Zwischen 1870 und 1885 wurden gar eigene Briefmarken, die «Hotelposten», herausgegeben.

St. Gotthard
Das Gotthardmassiv besteht aus Granit und Gneis; nur die Sohle des Urserentales weist eine über die Furka ins Wallis hinüberführende Kalkzone auf. Die in der Eiszeit durch die Kerbe zwischen Fibbia und dem Monte Prosa hindurchfliesssende Gletscherzunge hat nach ihrem Abschmelzen eine typische, ausgehobelte Rundhöckerlandschaft hinterlassen, in welcher ein Dutzend grössere und kleinere Bergseen verblieben sind. Die grösste Wasserfläche weist der Lago della Piazza auf, an dessen Südufer die Gebäude des Gotthardhospizes stehen.
In alter Zeit hiess der Passübergang Mons Elvelinus oder Urserenberg. Eine gegen Ende des 12. Jh. geweihte Kapelle zu Ehren des hl. Godehard (Bischof von Hildesheim) hat dann dem berühmtesten aller Alpenpässe seinen heutigen Namen gegeben.
In diese Zeit dürfte auch die Überbrückung der Schöllenen und der Bau der Twärrenbrücke fallen, was den Passverkehr sicher ansteigen liess. Zu Fuss, mit Saumpferden, Sänften und Schlitten wurde der damals «wildeste, schrecklichste und höchste Übergang» auf kühn angelegtem Saumweg überwunden. Eine weitere Steigerung des Reiseverkehrs brachte die 1830 eröffnete Gotthard-Passstrasse, welche mit fünf- und

sechsspännigen Postkutschen befahren wurde. Erst die Inbetriebnahme des Gotthard-Bahntunnels im Jahre 1882 hatte einen starken Rückgang des Passverkehrs für längere Zeit zur Folge.
Ein Hospiz wird erstmals 1237 schriftlich erwähnt. Ein bedeutender Meilenstein in der Betreuung der Reisenden war 1623 der Baubeginn des später «Kapuzinerhospiz» genannten Gebäudes. Angelehnt an die kleine Kapelle, wurde es später aufgestockt, nach Lawinenschaden neu aufgebaut und ist in der Form von 1777 erhalten geblieben. Das mittelalterliche Hospiz wurde im Winter 1798/99 von den Franzosen besetzt und zerstört. Kurz nach Eröffnung der Gotthardstrasse entstand 1837 das Hotel- und Zollgebäude St. Gotthard, die heutige «Alte Sust». Bereits 1866 wurde der Hotelbetrieb in das neue, auf dem Hügel des mittelalterlichen Hospizes erbaute Hotel Monte Prosa verlegt. Ab 1841, als die letzten Kapuzinermönche das Hospiz verliessen, leitete die verdienstvolle Airoleserfamilie Lombardi während vier Generationen die Geschicke von Hospiz und Hotel auf dem St. Gotthard. Das Ende dieser Epoche im Jahre 1972 brachte die Gründung der «Stiftung pro St. Gotthard», an der sich Heimatschutz, Eidgenossenschaft, die Kantone Uri und Tessin, die Gemeinde Airolo und der Schweizerische Bund für Naturschutz beteiligen. Eine erfolgreiche öffentliche Sammlung ermöglichte den Ankauf der gesamten Hospizliegenschaft sowie erste Renovationsarbeiten. Im Jahr 1982 kam die Restaurierung der Gotthardkapelle zum Abschluss. 1986 wurde in der renovierten «Alten Sust» das nationale Gotthard-Museum eröffnet.
Das Hospiz ist Ausgangsort für lohnende Höhenwanderungen, Passüberquerungen und Bergbesteigungen. Die Werkstrassen zum Lucendro- und Sellasee bieten bequeme Halbtageswanderungen.
Airolo, urkundlich auch Eriels genannt, war wichtige Station am Südfuss des Passes. Über 100 Saum- und Postpferde waren hier stationiert, bis der Druchstich des Gotthardtunnels die neue Zeit auch in dieses stille Bergdorf brachte. Beachtenswert sind die Lawinenverbauungen über dem Dorf Airolo, welches schwere Lawinenkatastrophen über sich ergehen lassen musste, die letzte im Jahre 1951.

Schächental (Klausenpass, Spiringen, Unterschächen, Urnerboden)
Das Schächental liefert das typische Beispiel von Streusiedlung im Kanton Uri: Die Wohngebäude der drei Gemeinden Bürglen, Unterschächen und Spiringen liegen zerstreut über das ganze Kulturland, und nur am Standort der einzelnen Kirchen verdichten sich die Häuser zu Ortskernen. Die hauptsächlichen Ursachen für dieses Siedlungsbild sind Weidewirtschaft und Viehzucht als allgemein übliche Wirtschaftsart sowie die Anpassung an die gegebenen Geländeverhältnisse.
Weil das Schächental – abseits vom Gotthardtransit – von kulturellen Einflüssen von aussen in geringerem Masse betroffen war, konnten sich hier traditionelle Denk- und Handlungsmuster bis in die Neuzeit hinein behaupten. Eine gewisse Scheu vor allem Fremden und Neuen zeichnet den Schächentaler ebenso aus wie die Anhänglichkeit an ererbtes Brauchtum.
Wohl schon bald nach der Besiedlung des Schächentals bestand über den Klausen ein Saumpfad, der von Unterschächen nach Äsch und durch die Balmwand auf den Pass führte. Die Verkehrserschliessung des Schächentales verbesserte sich mit dem Bau der Klausenstrasse (1893–1899). Mit der Einführung eines regelmässigen Postkutschen-

verkehrs setzte bald eine touristische Entwicklung ein. Zwischen 1922 und 1934 wurde das «Internationale Klausenrennen» ausgetragen, das sich zu einem der grossen automobilrennsportlichen Ereignisse Europas entwickelte und jeweils mehrere tausend Zuschauer anlockte. Heute verkehren auf der Klausenstrasse in den Sommermonaten die Postautokurse der PTT von Flüelen nach Linthal. Sie gilt allgemein als eine lohnende Strasse, und der sehr intensive Sommerverkehr beweist, dass der Klausenpass landschaftlich zu den schönsten, abwechslungsreichsten Alpenpässen gezählt werden darf.

Der Urnerboden gilt als eine der schönsten Alpen der Schweiz. Er gehört seit der Grenzziehung von 1196 zum Kanton Uri, was topographisch keineswegs naheliegt, aber durch die populäre Grenzlaufsage wenigstens symbolisch erklärt wird. Die Ursachen des Übergreifens der Urner über die Wasserscheide muss in einem Besiedlungs- oder Nutzungsvorsprung liegen, der allseits respektiertes Gewohnheitsrecht geschaffen hat. Spätestens seit dem 15. Jh. waren zunächst die Urner, dann die Schächentaler zu einem Bittgang bis an die Glarner Grenze verpflichtet. Der Urnerboden ist Bestandteil der politischen Gemeinde Spiringen und darf erst seit 1877 ganzjährig bewohnt werden.

Schattdorf

Wie jüngste archäologische Ausgrabungen (1986) im sogenannten «unteren Hof» belegen, befanden sich auf Schattdorfer Gemeindegebiet schon in römischer Zeit Siedlungsstellen. Nach einer unsicheren Überlieferung soll Schattdorf um die Jahrtausendwende durch den Ausbruch eines Bergsees vernichtet worden sein.

Bis 1928 wurden zu Bötzlingen an der Gand die ordentlichen Landsgemeinden abgehalten. Dieser Platz galt, was die landschaftliche Kulisse anbetrifft, als der grossartigste Landsgemeindeplatz der Schweiz.

Am Hang über dem Ortskern steht die barocke Pfarr- und Wallfahrtskirche, welche die Schattdorfer dem unermüdlichen Einsatz ihres damaligen Pfarrers Johann Prosper Isenmann (1687–1775) verdanken. Prunkstücke der Kirche bilden die prachtvollen Altäre des berühmten Walliser Holzschnitzers Jodok Ritz.

In den letzten Jahrzehnten hat sich Schattdorf von ländlich geprägten Bauerndorf zu einem modernen Industrieort und nach der Bevölkerungszahl zur zweitgrössten Gemeinde des Kantons entwickelt.

Mit Schattdorf eng verbunden ist die Sonnenterrasse Haldi, die mit der Luftseilbahn Schattdorf–Haldi leicht erreichbar ist. Im Sommer laden dort oben zahlreiche Wanderwege den Wanderer zu kleinen oder ausgedehnten Spaziergängen ein oder auch zu sehr lohnenden Bergtouren.

Schöllenen

Auch wenn der Gotthardpass bereits in prähistorischer Zeit begangen wurde, so stellte die Schöllenen doch ein Hindernis dar, das über beschwerliche und gefährliche Wege umgangen werden musste. Erst um das Jahr 1200 war mit dem Bau der Stiebenden Brücke (Teufelsbrücke) und der Twärrenbrücke eine einigermassen bequeme Passage durch die Schöllenen sichergestellt.

Die Twärrenbrücke am Kirchbergfelsen wurde 1708 durch einen Felsendurchstich, das sogenannte «Urner Loch», ersetzt. Dieser erste Felsentunnel der Gotthardroute war das Werk des Tessiner Ingenieurs Pietro Morettini. Die Teufelsbrücke wird erstmals vom Basler Kaufmann und Politiker Andreas Ryff im Jahre 1587 charakterisiert. Er beschreibt sie als hoch und schmal, etwa fünf oder sechs Schuh breit, ohne Geländer oder Seitenmauern. Die alte Teufelsbrücke stürzte am 2.8.1888 ein. Sie war 1799 Schauplatz von Kampfhandlungen zwischen Franzosen und Russen, woran das Suworow-Denkmal in der Schöllenen erinnert.

Die Grenze zwischen den Bezirken Uri und Urseren bildete die oberhalb von Göschenen gelegene, mehrbogige Langen- oder Häderlisbrücke. Die imposante Steinbrücke datierte aus dem Jahr 1701. Sie wurde beim grossen Unwetter im August 1987 von den Wassermassen weggerissen.

Seedorf

Seedorf entstand als Strassendorf an der alten Landstrasse Stans–Erstfeld. Die erste, sicher datierte Erwähnung fällt ins Jahr 1254. Der Ort zerfällt deutlich in zwei Teile: ins Unterdorf mit Kirche, Turm und Schloss A Pro und ins Oberdorf mit Kloster und Gabelstelle der Verbindungswege.

Die barocke Pfarrkirche St. Ulrich stammt in ihrem heutigen Bestand aus der zweiten Hälfte des 17. Jh. In unmittelbarer Nähe der Kirche befindet sich eine kleindimensionierte, mittelalterliche Burganlage, wahrscheinlich der Wohnsitz der Herren von Seedorf. Die Ruine wurde 1981 restauriert.

Das von Ritter Jakob A Pro um 1555 erbaute spätgotische Wasserschloss hat mit seiner zinnenbewehrten Ummauerung, mit den Ecktürmen und dem Wassergraben in einzigartiger Weise sein ursprüngliches Aussehen bewahrt. Es wurde 1953 vom Kanton für Repräsentations- und Ausstellungszwecke erworben und steht seit 1963 unter eidgenössischem Denkmalschutz. Das zum Schloss gehörende steinerne Ökonomiegebäude an der Landstrasse beherbergt heute das Urner Mineralienmuseum.

An der Stelle des 1215 von Ritter Arnold von Brienz gegründeten Lazariterhauses im Oberdorf steht heute mit dem Benediktinerinnenkloster St. Lazarus das bedeutendste Bauwerk der Region. Die imposante Klosteranlage mit der vortretenden Klosterkirche ist das Werk des Bürgler Pfarrers Johann Jakob Scolar (1645–1707), der als Bauherr und Architekt seine Pläne mit aussergewöhnlichem Einsatz realisierte. Die kleine Klosterkirche gehört zu den schönsten Barockkirchen der Schweiz, die «an schöpferischer Individualität kaum zu übertreffen ist» (lt. Horat).

Seelisberg (Rütli, Treib)

Die entfernte Lage vom Hauptort begünstigte in Seelisberg die frühe Ausbildung eines selbständigen Gemeinwesens. So erhielt die Gemeinde beispielsweise 1509 vom Land Uri das Sonderprivileg zur Abhaltung eines Jahrmarktes. Seit jeher galten die Einwohner als relativ wohlhabend, und so braucht es nicht zu erstaunen, dass Seelisberg den grössten Bestand an guterhaltenen Wohnbauten aufweist.

Im Zusammenhang mit der Entdeckung der Vierwaldstättersee-Landschaft als Reise- und Ausflugsziel entstanden im 19. Jh. verschiedene Hotelbauten, die bei Maria Sonnenberg, aber auch ob dem Breitlohn und im Chilendorf neue Akzente setzten.

Auf der Hochterrasse, hoch über der Rütliwiese, befindet sich die Wallfahrtskapelle

Maria Sonnenberg. Die Anfänge dieses in hohem Ansehen stehenden Wallfahrtsortes gehen ins 16. Jh. zurück. Die Kapelle wurde 1665 von Anton Burtschert gebaut und birgt eine Vielzahl von Votivbildern aus dem 17., 18. und 19. Jh.
Einer einzigartigen Lage und Aussicht erfreut sich das Schlösschen Beroldingen an der alten Landstrasse zwischen Bauen und Seelisberg. Das herrschaftliche Gebäude war der Stammsitz derer von Beroldingen, einer bedeutenden, vom 15. bis 17. Jh. führenden Urner Magistratenfamilie. Der Landammann Sebastian von Beroldingen machte das Stammhaus mit seinen umfangreichen Gütern 1598 testamentarisch zum Fideikommiss, der seit 1966 vom Kanton Uri verwaltet wird.
Als Fährhaus und Hafenstätte wohl mittelalterlichen Ursprungs war das Gasthaus an der Treib im 17. und 18. Jh. verschiedentlich Tagungsort für eidgenössische Konferenzen. Das heutige, restaurierte Haus stellt die Rekonstruktion eines Vorgängerbaus dar (Rekonstruktion 1902, Restaurierung 1981).
Auf Seelisberger Gemeindegebiet befindet sich schliesslich der Ort des legendären Zusammentreffens der Eidgenossen, das Rütli. Als der Besitzer der Rütliwiese in den fünfziger Jahren des letzten Jahrhunderts die Errichtung eines Hotels plante, reagierte die Schweizerische Gemeinnützige Gesellschaft, der es gelang, das Rütli zu erwerben. Die Kaufsumme wurde von der Schweizer Schuljugend aufgebracht. Seit 1859 ist das Rütli unveräusserbares Nationaleigentum. Im Zweiten Weltkrieg wurde es durch den Rütli-Rapport General Guisans zu einem Symbol der Landesverteidigung.

Silenen (Amsteg, Bristen)
Die flächengrösste Gemeinde des Kantons umfasst die Pfarrgemeinden Silenen, Amsteg und Bristen. Zusammen mit Altdorf und Bürglen war Silenen eines der drei alten Kirchenspiele im Lande Uri. Als Zentrum sowohl der Besiedlung als auch der weitläufigen Gemeinde kann die Pfarrkirche gelten, die trotz mehrfacher Zerstörung durch Naturgewalten ihren Standort nicht gewechselt hat. In ihrem heutigen Bestand datiert die spätbarocke Kirche von 1754–1756 und ist das Werk des Tiroler Architekten Jakob Singer.
Der baulich bedeutendste Ortsteil ist das sogenannte Dörfli am alten Saumpfad. Hier entstand durch die Konzentration standortabhängiger Tätigkeiten ein einzigartiges Ensemble von Gebäuden, die mit dem Gotthardtransit in engstem Zusammenhang stehen: der mittelalterliche Meierturm, eine Sust mit Wirtshaus, zwei weitere Wirtshäuser, der Spital (Herberge), die Schmiede und die Kapelle der 14 Nothelfer. Im 18. Jh., noch vor dem Bau der Kunststrasse, verlor Silenen seine Bedeutung als Etappenort des Transitverkehrs an Amsteg, denn mit der Umgehung des Burghügels (Zwing Uri) rückte Amsteg zum Umladeort auf.
In der Reiseliteratur des ausgehenden 18. Jh. tauchen verschiedene Gasthäuser auf, die sich eines ausgezeichneten Rufes erfreuten: Hirschen, Engel, Sternen und Weisses Kreuz.
Im Zusammenhang mit dem Eisenbergbau im Maderanertal entstanden in Amsteg metallverarbeitende Betriebe. 1762 wurde der «Eisenhammer» von einer Wasserflut weggerissen, womit das Ende des kommerziellen Erzabbaus besiegelt war.
Die Burgruine Zwing Uri, auf der Kuppe des «Flüeli» zwischen Amsteg und Silenen gelegen, befindet sich seit 1928 im Besitz des Schweizerischen Burgenvereins. Im Anschluss an archäologische Ausgrabungen wurde die Ruine 1978 restauriert.

Heimatkundliche Notizen 118

Sisikon (Tellsplatte)
Das auf dem Delta des Riemenstalderbachs gelegene Dorf wird erstmals 1173 urkundlich erwähnt. Während Sisikon in früheren Zeiten von Uri her praktisch nur auf dem Seeweg erreichbar war, wird das heutige Siedlungsbild von den beiden modernen Verkehrssträngen – Bahn und Axenstrasse – wesentlich mitgeprägt. Die Axenstrasse (S. 109) galt wegen ihrer grossartigen Panoramasicht und der Kühnheit der Linienführung als weltbekannte touristische Attraktion.
Die alte Pfarrkirche St. Aegidius wurde 1968 mit Ausnahme des Turms abgebrochen. Auf Sisikoner Gemeindegebiet befindet sich mit der Tellsplatte ein bedeutender religiöser und patriotischer Wallfahrtsort. Nach einer fragwürdigen Überlieferung soll die erste Tellskapelle bereits im Jahre 1388 erbaut worden sein. Spätestens im 16. Jh. wurde die Kapelle zu einer kirchlichen Gedenkstätte für die Ursprünge der Eidgenossenschaft und Ziel einer offiziellen Landeswallfahrt. Die heutige dritte Tellskapelle wurde 1879 nach den Plänen von Ludwig Isidor Sutter errichtet. Der Freskenzyklus mit Motiven aus der Tellsgeschichte stammt von Ernst Stückelberger und gilt als bedeutende monumentale Historienmalerei des 19. Jh.

Urseren (Andermatt, Hospental, Realp)
Ursenen zieht sich etwa 20 km vom Oberalppass bis zur Furka und ist im Norden von Gneisbergen des Aaremassivs, gegen Süden von Granitmassen des Gotthardmassivs begrenzt. Das imposante Hochtal besteht aus den drei Gemeinden Andermatt, Hospental und Realp und war in prähistorischer Zeit unbewohnt. Die Besiedlung erfolgte von Rätien aus, wobei sich die Zugehörigkeit zur Diözese Chur und seit dem 9. Jh. zum Kloster Disentis auswirkte. Schwerpunkte der Besiedlung waren zunächst das Dorf um die St. Kolumbanskirche (Altkirch) und das vom Kloster Disentis gegründete Hospiz (Hospental) mit der im 12. Jh. errichteten Burg. Ins 12. Jh. fällt auch die Zuwanderung der Walser, die schon bald die Hauptmasse der Bevölkerung bildeten und vom Abt Grund und Boden in Form der sogenannten freien bäuerlichen Erbleihe erhielten. Die Gerichtsbarkeit über Tal und Volk stand dem Kastvogt des Klosters Disentis zu, bis die Talleute 1382 von König Wenzel jenen Freiheitsbrief erhielten, der ihnen die eigene Gerichtsbarkeit und zugleich Reichsunmittelbarkeit zusicherte. Mit dem «ewigen Landrecht» mit Uri (1410) unterstellten sich die Talleute in aussenpolitischen Belangen dem mächtigeren Nachbarn. Dem Tal verblieben seine Alpen und Allmenden, das Talrecht und die Gerichte, letztere freilich unter Uris Kontrolle. Die Kantonsverfassung vom Jahre 1888 besiegelte, trotz heftiger Proteste der Ursener bis vor die Bundesversammlung in Bern, das Ende der ehemaligen staatlichen Eigenständigkeit des Tales.
Schon durch die Verordnungen des 14. Jh. erweist sich das Hochtal als eine typische landwirtschaftliche Gemeinschaft. In erster Linie betrieb man Viehzucht und Milchwirtschaft. Der berühmte «Urseler Käse» zählte zu den besten unter allen Schweizer Käsen. Den eng mit der Landwirtschaft verflochtenen Transitverkehr ordneten die Talleute 1363 in einer eigenen Säumerordnung. Bald wickelte sich über den Gotthard das ganze Jahr hindurch ein zunehmend intensiverer Verkehr ab, dem die Bewohner ihren relativen Wohlstand verdankten. In Andermatt und Hospental sorgten berühmte Gaststätten für das leibliche Wohl der Reisenden. Da das Urserental zu den klassischen Mineralfundgebieten der Alpen zählte, spielte auch der Kristallhandel eine wichtige Rolle. Zu den Charakteristiken des Tales gehört die Holzarmut, über deren Ursachen

nur spekuliert werden kann. Das ursprünglich wohl bewaldete Tal wird bereits im Spätmittelalter als kahl beschrieben. Bau- und Brennholz musste aus dem Unterland herbeigeschafft werden.
Der Bau des Gotthardtunnels (1872–1882) bedeutete für Urseren eine wahre Katastrophe und hatte eine massive Abwanderung zur Folge. Mit der Einrichtung des Gebirgswaffenplatzes und dem aufblühenden Tourismus konnte ein einigermassen befriedigender Ausgleich geschaffen werden. Heute ist Andermatt ein bedeutender, schneesicherer Wintersportplatz mit einer Luftseilbahn auf den Gemsstock, mit Skiliften und vielen Hotels. Schon um 1889 wurde mit dem Bau der ersten Festungsworke begonnen, und zu Beginn unseres Jahrhunderts entstand der Waffenplatz. Von grosser Bedeutung für die Sicherheit Andermatts sind die Lawinenverbauungen am Chilchenberg und am Gurschen.

Wassen (Meien)
Der Name Wassen erscheint in schriftlichen Quellen seit dem Ende des 13. Jh. Wassen ist ein klassisches Passdorf am Gotthardweg, geprägt durch die Einrichtungen des Transitverkehrs: Zollstätte, «Spittel», Sust, Gasthäuser und Stallungen. Bis 1951 führten Saumpfad und Kunststrasse durch das Haus «unter dem Bogen» ins Dorf.
Wassen ist ein beliebter Rastort und Übernachtungsplatz am Gotthard. Berühmte reisende haben in Wassen letzte Rast gemacht, bevor sie dem Schrecken der Schöllenen entgegengingen, unter ihnen auch Johann Wolfgang Goethe.
Zur Pfarrgemeinde Wassen gehörten früher auch die Filialgemeinden Meien, Göschenen und Göscheneralp. Das wegen seiner einmaligen Lage geradezu weltweit bekannte Krichlein wurde 1734 errichtet.
Am Eingang ins Meiental finden sich Überreste einer militärischen Anlage, der sog. «Meienschanze», die 1712 als Bollwerk gegen die protestantischen Berner errichtet wurde (Zweiter Villmergerkrieg). Sie ist das Werk des Tessiner Ingenieurs Pietro Morettini, der 1708 auch den Felsendurchstich in der Schöllenen besorgte. Bestehend aus Talsperre, Brustwehr, Artillerestand und dazugehörenden Unterständen, wurde sie 1799 durch die Franzosen teilweise und später durch einen Felssturz vollständig zerstört. Die Bewohner des Meientals wohnen zerstreut in mehreren Häusergruppen, fast überall mehr oder weniger durch Lawinen bedroht. Viele Häuser besitzen bergseitig Spaltkeile, die dazu bestimmt sind, die Lawinen zu brechen und über das Dach wegzuleiten.
Auf dem Wegstück zwischen der Pfaffensprung- und der Wattinger Brücke kann man in eindrücklicher Weise in die tiefe Schlucht der Meienreuss schauen, die vom Susten her durch das Meiental fliesst und von der Gotthardbahn dreimal in verschiedener Höhe überbrückt wird.
Eine 1811 begonnene befahrbare Kunststrasse über den Sustenpass blieb unvollendet. Die bestehende Sustenstrasse wurde erst im Zweiten Weltkrieg realisiert.

▸ **Alte, 1830 errichtete, heute vom Wanderer in der Schöllenen benützte und neue, 1955/56 erbaute, mit Quadersteinen verkleidete Teufelsbrücke in 66 m Höhe über der Reuss. Die Widerlager der zweiten, älteren Brücke sind noch deutlich sichtbar.**

Touristische Informationen

Verkehrsvereine
Für jede nähere Auskunft über Unterkunftsmöglichkeiten und Gaststätten wende man sich an die lokalen Verkehrsvereine.
Altdorf, Amsteg–Bristen–Maderanertal, Andermatt, Attinghausen, Bauen, Bürglen, Erstfeld, Flüelen, Göschenen, Hospental, Schattdorf, Seelisberg, Sisikon, Unterschächen, Urnerboden, Wassen.

Verkehrsmittel
Luzern oder Zürich–Arth-Goldau–Brunnen–Flüelen–Göschenen–Airolo–Bellinzona

Schmalspurbahn Brig–Oberwald–Andermatt–Disentis–Göschenen–Andermatt.

Postautokurse
Altdorf–Seedorf–Isenthal–St. Jakob, Amsteg–Bristen–Talstation Luftseilbahn Golzeren, Andermatt–Realp–Furka–Gletsch–Grimsel–Meiringen, Andermatt–Göschenen–Susten–Meiringen, Flüelen–Klausen–Linthal, Flüelen–Altdorf–Unterschächen–Urigen, Göschenen–Göscheneralp, Göschenen–Susten–Meiringen, Sisikon–Riemenstalden–Chäppeliberg, Wassen–Meien, Seelisberg–Emmetten, Altdorf–Flüelen–Stans, Altdorf–Bauen

Lokal-Autokurse
Flüelen–Altdorf–Bürglen–Schattdorf–Attinghausen–Seedorf   Flüelen–Altdorf–Bürglen–Schattdorf–Erstfeld–Silenen–Amsteg

	Telefon	Personen	Route
Treib-Seelisberg		80	16/20
Eidgenössisch konzessioniert:			
Altdorf–Eggberge	044 21 5 49	15	5/32/33
Andermatt–Gurschenalp, I. Sektion	044 6 74 45	40	14
Gurschenalp–Gemsstock, II. Sektion		40	
Schattdorf–Haldi	044 2 21 09	15	6/7/38
Kantonal konzessiniert:			
Amsteg–Arni	044 6 42 47	8	11/52
Attinghausen–Kohlplatz, I. Sektion	044 2 14 61	4	29
Kohlplatz–Brüsti, II. Sektion		8	29
Bristen–Golzeren	044 6 42 70	8	40/48

Touristische Informationen

	Telefon	Personen	Route
Brügg–Rietlig (Bürglen), I. Sektion	044 2 26 35	8	34
Rietlig–Biel II. Sektion		8	34
Erstfeld–Schwandiberg	044 5 13 53	4	8/9/10
Intschi–Arni	044 6 46 88	4	11/52
St. Jakob–Gitschenen (Isenthal)	044 6 91 58	8	24/25/26
Spiringen–Razi	044 6 12 32	8	35
Tellsplatte–Unter Axen	044 2 37 26	4	22

Kleinere Anliegerbahnen, Kat. D

	Telefon	Personen	Route
Argseeli–Orthalten (Urner Boden)		3	
Brunni–Sittlisalp (Unterschächen)		2	
Silenen–Chilcherberge		4	
Brügg–Eierschwand–Ruegig		4	
Gossalp–Oberalp		4	27
Bristen–Waldiberg		4	
Hofstatt–Lehn (Schattdorf)		4	
Turmatt–Gitschenberg (Seedorf)		4	28
Chlital–Gietisfluh (Isental)	044 6 91 93	3	
Witerschwanden–Eggenbergli (Spiringen)		3	39
Witerschwanden–Acherberge (Bürglen), I. Sektion		4	
Acherberge–Kessel, II. Sektion		2	
Seelisberg–Weid (Seelisberg)		4	20
Unterschächern–Ribi–Wannelen		4	37
Riemenstalden (Chäppeliberg)–Lidernen		4	46

Karten

Zur wertvollen Ergänzung des Wanderbuches steht ein reichhaltiges Kartenmaterial zur Verfügung.

Wanderkarte Uri

Herausgeber: Urner Arbeitsgemeinschaft für Wanderwege.

Landeskarte 1:25 000

Blatt 1171 Beckenried	Blatt 1212 Amsteg
Blatt 1172 Muotatal	Blatt 1231 Urseren
Blatt 1191 Engelberg	Blatt 1232 Oberalppass
Blatt 1192 Schächental	Blatt 1251 Val Bedretto
Blatt 1211 Meiental	Blatt Altdorf und Umgebung

Markierung der Wanderrouten

Die Markierung der Wanderrouten geschieht nach den von den «Schweizer Wanderwegen» aufgestellten Richtlinien. Sie besteht aus Wegweisern mit oder ohne Zeitangabe, aus Richtungszeigern, Rhomben und Farbmarkierungen.
Die angegebenen Marschzeiten basieren auf einer durchschnittlichen Leistung von 4,2 km in der Stunde auf flachem, gut begehbarem Gelände. Abweichungen bei Steigungen, Gefälle oder schwierigem Gelände sind mitberücksichtigt. Rastzeiten sind nicht eingerechnet.

Wanderrouten (gelbe Markierung)
Wege für jedermann, die mit gewöhnlichem Schuhwerk und ohne besondere Gefahren begangen werden können.

Bergrouten (weiss-rot-weisse Markierung)
Wege, die *grössere Anforderungen* an die Ausrüstung des Wanderers in bezug auf *wetterfeste Kleidung* und *geeignetes Schuhwerk mit griffigen Sohlen* stellen. Das Begehen von Bergwegen erfordert *besondere Vorsicht* und *Bergtüchtigkeit*.

Literaturverzeichnis 124

Aebersold R./Muheim H.:	Flugbild Uri, Altdorf 1980.
Arnold S.:	Kapuzinerkloster Altdorf, Altdorf 1977.
Aschwanden F./Glaus W.:	Urner Mundart-Wörterbuch, Kantonsbibliothek Uri 1982.
Beyeler O.:	Gotthard: Saumweg, Strasse, Bahn, Thun 1973
Blättler A.:	Der alte Bergbau in Uri, Gamma & Cie., Altdorf 1967.
Christen A.:	Urseren, Schweizer Heimatbücher Nr. 100, Paul Haupt, Bern 1960.
Danioth H.:	Das Urner Krippenspiel, Schweizer Spiegel Verlag, Zürich 1945.
Einwohnergem. Wassen.:	700 Jahre Wassen. Gisler Druck 1987.
Furrer B.:	Die Bauernhäuser des Kt. Uri. Schweiz.Ges. Für Volkskunde 1985.
Gamma H.:	Abfrutt, die Geschichte eines Weilers. 1988
Gasser H.:	Die Kunstdenkmäler der Schweiz Kt. Uri II. Gesellschaft für Kunstgeschichte 1986
Hauser W.:	Sisikon, Geschichte eines Dorfes, Amriswil 1947.
Historisches Neujahrsblatt 1895 ff., Verein für Geschichte und Altertümer von Uri, Altdorf	
Iten K.:	Das Urner Dorf, Gamma & Cie., Altdorf 1968.
Iten K.:	Uri damals 1855–1925. Verlag Gamma & Cie. Altdorf 1984
Kocher A.:	Der alte St. Gotthardweg, Historisches Neujahrsblatt Uri 1949/50, Altdorf 1951.
Lüond K./Iten K.:	Unser Gotthard, Zürich-München 1980, (dito in französischer und italienischer Sprache).
Lusser K. F.:	Der Kanton Uri, Verlag SLATKINE.
Von Matt L.:	Uri, Basel 1946.
Muheim E.:	Göschenen, Lebensbild einer Gemeinde, Zürich 1975.
Muheim H.:	Uri, Genf 1973
Muheim H.:	Altdorf 1980, Verlag Paul Haupt Bern.
Muheim H.:	Urnerboden, NZN Buchverlag 1986.
Müller J.:	Geschichte von Ursern. Desertina Verlag 1984.
Nething H.:	Der Gotthard, Saumweg – Strasse – Bahn, Ott Verlag Thun.
Nünlist H.:	Aus vergangenen Tagen der Göscheneralp, Murbacher Verlag, Luzern 1967.
Nünlist H.:	Das Maderanertal, einst und jetzt, Luzern 1980, 2. erweiterte Auflage.
Püntener A.:	Urner Münz- und Geldgeschichte.
Regierungen Uri/Glarus:	Schächental 1983.
Rudenzverlag.:	Flüelen, Rudenzverlag 1965.
Saxer F.:	Quer durch die Alpen. Ein geologischer Exkursionsführer. Zürich 1958.
Saxer F.:	Das Fellital. Separatdruck aus der Festschrift «75 Jahre Sektion am Albis SAC», Affoltern a. A. 1972.
Schurtenberger J.:	Die Reuss, Vogt-Schilt AG Solothurn.
Sicher V.:	Gurtnellen, eine Schweizer Berggemeinde. Druck-Verlag Sicher, Gurtnellen 1973.
Stalder H.:	Die Gotteshäuser von Attinghausen. Verlag Pfarramt Attinghausen 1985.
Uri, Land am Gotthard, Jubiläumsbuch, Dätwyler AG, Altdorf 1965.	
Zinniker O.:	Der Susten, Schweizer Heimatbücher Nr. 97, Paul Haupt, Bern 1966.
Zurfluh K.:	Urner REISEverFÜHRER.

Werke, die im Buchhandel nicht mehr erhältlich sind, können bei der Kantonsbibliothek Uri in Altdorf oder bei der Schweizerischen Landesbibliothek, Hallwylstrasse 15, Bern, leihweise bezogen werden.

Register

Die Zahlen 1 bis 62 beziehen sich auf die Routennummer, die Seitenzahlen auf die heimatkundlichen Notizen.

Äbnet 29
Airolo 4
Alafund 32
Albert-Heim-Hütte SAC 60
Alpenrösli 29
Alplen 33
Altdorf 5, 31, S. 108
Alt Rüti 27
Amsteg 3, 11, S. 117
Amsteg-Silenen 3, 40, S. 117
Andermatt 4, 13, 14, 15, S. 118
Andermatt-Gemsstock 14
Angelingen 32
Angisort 16
Angistock 29, 30
Arlig 16
Attinghausen 2, 29, 30, S. 108
Axengalerien 1
Axenstrasse 1, S. 109

Bad 9
Balmenegg 40
Balmenschachen 40
Bälmeten 6, 9, 11, 38
Balmwand 31, 36, 37
Bannalper Bach 27
Bannalper Schonegg 27
Bannwald 5
Bauen 16, S. 109
Bauns 41
Bäzberg 4
Bergseehütte SAC 57
Bergseeschijen 57
Beroldingen 16, 20
Bi den Seelenen 26
Bitzi 8
Biwald (Stäfeli) 23, 45
Blacken 29
Blackenstock 29
Blüemlismattbrücke 2
Bocki 30
Bockibach 30
Bodmen 11
Bol 7
Bolzbach 16
Brisen 19, 25, 32
Brisenhaus SAC 25
Bristen 3, 11, 22, 40, 41, S. 114
Brüggloch 4

Brunni 9, 11
Brunnistock 29, 32
Brunnital 9, 32, 37
Bürglen 31, S. 109

Chaiserstock 6
Chämlizen 21
Chammliberg 32
Chäppeli 16
Chäppeliberg 33
Chärstelenbach 3, 40, 41
Chäseren 32
Chelenalphütte SAC 58
Chelenalptal 44
Chelenreuss 44
Chinzertal 34
Chinzig Chulm 32, 34, 35
Chli Laucheren 28
Chli Schijen 13
Chli Sustenhorn 43
Chlital 23
Chli Windgällen 11
Choltal 16
Chraienhöreli 29
Chrüzhütte 27
Chrüzlipass 41
Chrüzlital 41
Chrüzsteinrüti 41
Clariden 32

Dammahütte SAC 59
Dammareuss 44
Dammastock 44
Dangel 3
Disentis 42
Distleren 28
Dörfli 3, 40, 43

Eggbergen 32, 33
Eggenbergli 39
Eggenmandli 30
Eifrutt 30
Engelberg 29
Engelberger Aa 29
Erstfeld 2, 8, 10, 30, S. 110
Etzlibach 41
Etzlihütte SAC 50
Etzlital 41

Färnigen 43

Fedenbrügg 43
Fellibach 11, 42
Fellilücke 13, 42
Fellital 41, 42
Figstuel 6
Fleckistock 43
Flesch 32
Flüelen 1, 2, 22, 32, S. 110
Frentschenberg 40
Fünffingerstöcke 43

Gampelen 7
Gamssteg 4
Gangbach 6
Geissberge 11
Geissriggen 29
Gemsfairenstock 32
Gemsstock 13
Gersau 3
Getschwiler 32
Gitschen 1, 22, 28, 32
Gitschenen 24, 26, 27
Gitschenhörelihütte (privat) 45
Gitschital 28
Gitschitaler-Boden 28
Glausen 40
Golzeren 40
Gorezmettlen 43
Göschenen 3, 11, S. 111
Göschener Reuss 44
Gossalp 27
Grätli 38
Griesstal 9
Gross Bach 9
Gross Düssi 11, 40
Gross Flesch 32
Gross Ruchen 32, 40
Gross Schärhorn 11, 32
Gross Schijen 13
Gross Spannort 6, 32
Gross Spitzen 32
Grosstal 27
Gross Windgällen 9, 32
Gruonbach 22, 32
Guferblatten 43
Guggital 30
Gulmen 41
Gurschen 14
Gurtnellen 11, S. 112

Register

Gurtnellen Wiler 3, S. 112
Gwächtenhorn 43
Gwasmet 32
Gwüest 44

Hägrigen 3
Haldi 6, 7, 38
Haseli 7
Heidmanegg 32
Heissigegg 11
Herrenrüti 29
Hinter Etzliboden 41
Hinterfeld 43
Hinter Griesstal 9
Hinter Jochli 26
Hinter-Mittler-
 Vorder-Tierberg 43
Hinter Schächen 9
Hinter Schilti 1
Hinter-Vorder-Stäckenmatt 3
Hinter Waldi 42
Hinter Wiler 2
Hoch Fulen 9, 11, 32, 38
Höch Gand 9
Höchiberg 29
Hofstetten 30
Hölenstock 32
Horlachen 24
Horwen 44
Hospental 4, S. 118
Hüenderegg 32
Hüfifirn 40
Hüfihütte SAC 49
Hundwald 23
Husen 43
Hütten 42

Innertkirchen 43
Intschi 11
Inschialptal 11
Isental Bach 16, 23, 24
Isenthal 16, 23, 24, S. 112
Isleten 16, S. 112

Jäntelboden 44

Kartigel 43
Klausenpass 32, S. 114
Klewenalp 26
Kloster St. Lazarus 16
Kneuwis 25, 26
Krönten 6, 13, 32

Krönenhütte SAC 47

Lägni 41
Laueli 20
Lauenen 44
Lauwital 7, 22
Lehn 7
Leitschachbach 11
Leutschachhütte SAC 52
Lidernenhütte SAC 46
Lipplisbüel 34, 35
Lochstafel 13

Maderanertal 32, 41, S. 113
Mätteli 4
Meien 43
Meienreuss 43
Meienschanz 43
Meiental 3, 11
Meitschligen 3
Mittagstock 44
Mittlere Planzeren 5
Morschach 1
Motto Bartola 4
Motto di Dentro 4
Müllersmatt 41
Muota 21
Muotathal 21, 34, 35
Muren 3
Murmetsbüel 42
Musenalp 23

Nätschen 13
Nessentgal 43
Niderbauen-Chulm 6, 20

Ob den Hegen 32
Oberalp 27
Oberalper Grat 27
Oberalppass 13
Oberalpstock 40
Ober Axeli 11
Ober Axen 22
Oberbauenstock 6
Ober Bolgen 26
Ober Cholrüti 16
Oberdorf 16
Oberfeld 38
Obermatt 42
Ober Pfaffen 25
Ober Planzeren 5

Ober Rüti 27
Obflüe 32
Obrieden 6
Ofeli 40

Palanggenbach 16
Passo del S. Gottardo 4, S. 113
Pazolastock 13
Piz Blas 13
Plätteli 8, 39
Plattenbach 9
Pucher 40

Räckholteren 27
Reusstal 22
Richligen 11
Riedertal 6
Riedertaler Chappelen 6, 39
Riemenstalden 21
Riemenstaldner Bach 21
Rietlig 32, 35
Rigi 22
Rinderstock 9, 11
Ripshusen 2
Ronen 9, 27
Rophaien 22
Rossboden 40, 41
Rossstock 6
Rotondohütte SAC 61
Ruegig 32
Ruolisbergen 39
Rütli 18, 19, 28, S. 116
Rütliwald 19

St. Annawald 4
St. Jakob 23, 24, 27
Salbithütte SAC 55
Sassigrat 23
Schächen 39
Schächental S. 114
Schächentaler Windgällen 32
Schattdorf 6, 7, 30, S. 115
Schattdorfer Berge 7
Scheidwald 7
Scheidweg 30
Schilt 7
Schipfenegg 28
Schloss A Pro S. 116
Schlossberg 32
Schluecht 27
Schoneggaden 24
Schöni 13

Schöllenen 11
Schrannen 6
Schuenegg 25
Schwalmis 26, 32
Schwalmisgaden 26
Schwanden 16
Schwandibergen 7, 8, 39
Schwarz Grat 11
Scopi 13
Sedrun 41
Seedorf 16, 28, S. 116
Seedorfer Reussbrücke 2
Seelisberg 16, 18, 19, S. 116
Sewenhütte SAC 53
Selez 32
Silenen 2, 3, S. 117
Sinsgäuer Schonegg 24
Sisikon 1, 21, 22, S. 118
Sittlisalp 9
Sittliser 32
Sodberg 6, 7
Spiringen 31, S. 114
Stafel 38
Stäfel 40
Stäfeli 29
Stäuber 29
Steinalper Jochli 25
Steingletscher 43
Steinplanggen 25
Stich 9
Stieren Bach 29
Stöck 6
Stöckli 13
Stockwald 44
Strahlgand 13
Strängmatt 8, 9, 39
Süessberg 6, 7
Sunnenberg 16
Sunntigsboden 6, 38
Sunnwil 17
Sulztaler Hütte 24
Susten 43
Sustenhorn 13, 43
Sustenpass 43
Sustlihütte SAC 54

Tägerlohn 2
Taghorn 11
Tannwald 16
Tavetsch 13
Teiftal 6, 7
Tellskapelle 1

Tellsplatte 1, 22, S. 118
Teufelsbrücke 4
Titlis 29, 32
Treib 16, S. 116
Treibsport 16
Treschhütte SAC 51
Tristel 32
Tritt 40, 41

Unter Axeli 11
Unter Axen 22
Unter Balm 32
Unter Bolgen 26
Unter Fellisberg 42
Unter Gisleralp 32
Unterschächen 9, S. 114
Unter Schwandi 8, 39
Uri-Rotstock 6, 22, 32
Urnerloch 4
Urnersee 16
Urnerstafel 27
Urseren 4
Urnerboden 31, 32, S. 114

Val Tremola 4
Vermigelhütte SAC (privat) 62
Vierschröt 39
Volligen 17
Voralphütte SAC 56
Vorder Bärchi 16
Vorder Etzliboden 41
Vorder Griesstal 9
Vorder Ried 3
Vorder Tierberg 43
Vorder Waldi 42
Vorder Wissenboden 32, 34

Waldenen 32
Waldnacht 30
Waldnachter Bergen 30
Wandflue 44
Wängihorn 6
Wasenegg 24
Wassen 3, 11, 43, S. 119
Wattingen 3
Weid 20
Wild Alpeli 25
Wiler 11, S. 112
Wilerli 30
Windgällen 29
Windgällenhütte AAC 48
Winterstock 44

Wissig 16
Witenstock 11
Widderlauwi 40
Witterschwanden 39

Zwing Uri 3, 40

Verzeichnis der Wanderbücher, Wanderkarten, Velokarten 128

Bern
03061 Laufental
03004 Chasseral
03021 Moutier (f)
03023 Moutier
03014 Oberaargau
03064 Seeland
03007 Forst–Frienisberg
03065 Emmental
03020 Bantiger–Wägesse
03066 Bern–Gantrisch–Schwarzwasser
03026 Bern und Umgebung
03067 Thunersee
03068 Brienzersee–Oberhasli
03069 Jungfrau-Region
03070 Kandertal
03071 Simmental–Diemtigtal
03072 Saanenland
03073 Passrouten im Berner Oberland
03000 Wanderwege im Kt. Bern

Graubünden
03601 Surselva/Bündner Oberland
03602 Hinterrheintäler–Misox
03603 Lenzerheide–Oberhalbstein–Albula
03604 Chur–Arosa–Bündner Herrschaft
03125 Prättigau
03111 Davos
03606 Unterengadin
03607 Oberengadin
03608 Bergell
03609 Puschlav
03610 Engadina/Engadine (i/f)

Wallis
03621 Brig–Simplon–Aletsch–Goms
03169 Brigue–Simplon–Aletsch–Conches (f)
03622 Leukerbad–Lötschental
03623 Visp–Zermatt–Saas Fee–Grächen
03141 Zermatt–Saas Fee–Grächen (f)
03624 Val d'Anniviers–Val d'Hérens
03625 Val d'Anniviers–Val d'Hérens (f)
03144 Sitten–Siders–Montana
03122 Sion–Sierre–Montana (f)
03142 Monthey–Val d'Illiez–Dents-du-Midi
03114 Monthey–Val d'Illiez (f)

Tessin
03641 Lugano
03642 Locarno
03643 Tre Valli/Leventina–Blenio–Riviera
03644 Ticino/Tessin (i/f)

Westschweiz
03651 Jura
03652 Jura (f)
03128 La Côte et le Pays de la Venoge (f)
03167 Vallée de Joux (f)

Nordwestschweiz
03661 Basel
03662 Solothurn
03663 Aargau

Ostschweiz
03671 St. Gallen–Appenzell
03171 Toggenburg–Churfirsten
03166 St. Galler Oberland
03673 Glarnerland

Zentralschweiz
03170 Luzern–Pilatus
03682 Hochdorf, Sursee, Willisau
03683 Entlebuch
03139 Obwalden
03133 Engelberg
03685 Nidwalden
03686 Uri
03687 Schwyz
03688 Vierwaldstättersee–Rigi
03126 Rigigebiet
03110 Zugerland

Durchgehende Routen
03401 Alpenpassroute
03402 Gotthardroute
03403 Mittellandroute
03404 Rhein-Rhone-Route
03405 Hochrheinroute
03406 Alpenrandroute
03407 Basel-Sion-Route
03408 Schwarzwald-Veltlin-Route
03409 Romandie (f/d)
03410 Jurahöhenroute
03411 Chemin des Crêtes du Jura suisse (f)

Rundwanderungen
03180 Bern–Mittelland
03181 Bern–Oberland
03182 Freiburgerland
03184 Aargau
03185 Tessin
03186 Neuchâtel (f)
03149 Pays de Vaud (f)
03189 Zürich

Wanderkarten
00301 Oberaargau–Bucheggberg
00801 Berner Jura–Seeland
00802 Oberaargau–Emmental
00803 Berner Mittelland
00304 Thunersee
00305 Niedersimmental–Diemtigtal–Stockhorn
00306 Kandertal–Obersimmental–Saanenland
00307 Oberhasli–Lütschinentäler–Kandertal
00402 Disentis
00403 Albula–Landwasser
00814 Unterengadin–Nationalpark
00815 Oberengadin–Bergell–Puschlav
00406 Zernez–Nationalpark
00407 Prättigau–Schanfigg
00601 Tessin, Sopraceneri
00602 Tessin, Sottoceneri
00701 Lausanne
00871 Luzern, Ob- und Nidwalden
00961 Uri
00962 Urner Oberland
00963 Gotthard

Wanderkarten des Jura
00881 Aargau, Basel-Stadt–Basel-Land, Olten
00693 Solothurn–Delémont–Porrentruy
00694 Neuchâtel–Chasseral–Bienne
00695 Yverdon–Ste-Croix–Val de Travers
00696 Lausanne–La Côte–St-Cergue–Vallée de Joux

Velokarten
00582 Zürich–Schaffhausen
00591 Schaffhausen–Singen
00581 Zürichsee–Zug–Schwyz
00597 Baselstadt–Baselland
00584 Bern–Fribourg–Thun
00587 Aargau, Olten–Baden
00585 Luzern, Ob- und Nidwalden
00588 St. Gallen–Appenzell
00589 Oberaargau–Biel, Emmental
00590 Genève
00593 Lausanne–Vallée de Joux
00592 Bodensee–Thurgau
00594 Glarus–Chur–Liechtenstein
00596 Biel–La Chaux-de-Fonds
00595 Neuchâtel–Yverdon–Pontarlier
00598 Lausanne–Bulle
00599 Delémont–Ajoie et France voisine
00600 Tessin